刘诗白 — 著

刘诗白选集

第十卷
改革开放的理论与实践

四川人民出版社

图书在版编目（CIP）数据

改革开放的理论与实践 / 刘诗白著. — 成都：四川人民出版社，2018.12
（刘诗白选集：第十卷）
ISBN 978-7-220-10866-2

Ⅰ.①改… Ⅱ.①刘… Ⅲ.①改革开放—中国—文集 Ⅳ.①D61-53

中国版本图书馆CIP数据核字（2018）第184882号

GAIGEKAIFANG DE LILUN YU SHIJIAN

改革开放的理论与实践

刘诗白 著

责任编辑	吴焕姣
封面设计	陆红强
版式设计	戴雨虹
责任校对	林 泉　申婷婷
责任印制	王 俊

出版发行	四川人民出版社（成都槐树街2号）
网　址	http://www.scpph.com
E-mail	scrmcbs@sina.com
新浪微博	@四川人民出版社
微信公众号	四川人民出版社
发行部业务电话	（028）86259624　86259453
防盗版举报电话	（028）86259624
照　排	四川胜翔数码印务设计有限公司
印　刷	成都东江印务有限公司
成品尺寸	170mm×240mm
印　张	14.5
字　数	200千
版　次	2018年12月第1版
印　次	2018年12月第1次印刷
书　号	ISBN 978-7-220-10866-2
全套定价	3000.00元（全13卷）

目 录

全面开创新局面的首要任务

      ——学习十二大关于促进社会主义经济全面高涨的体会 001

建设有中国特色的社会主义的科学指针 007

振兴四川经济的几点思考 016

论苏南模式

      ——无锡市乡镇工业鸟瞰 024

大力发展商品经济，加快民族地区经济发展步伐 037

东西部经济关系亟须调整 044

对重新认识资本主义的几点看法 056

为什么要对资本主义进行再认识 062

论邓小平关于改革、开放、搞活的经济思想 070

对广东经验的几点看法 087

广东经验对内地有借鉴意义

      ——刘诗白教授考察归来话改革 099

三论广东经验 105

凉山经济的外向型发展战略刍议 115

在建设有中国特色社会主义理论指引下走向未来 124

出路在于搞活机制 127

模式转换需要加快 131

加快大西南出海通道建设速度 134

上海——台湾：如何寻求最佳联结点 139

抓住机遇 加快改革发展步伐 147

引导西进 促进合作 强化互补 152

首尾联动

　　　——长江经济带加强经济合作的有效形式 160

发挥中心城市功能，搞好大成都经济圈建设，

带动四川经济快速发展 164

开拓电力市场 促进水电发展 175

论全面大推动战略

　　　——西部大开发的经济学思考 179

依靠科技创新，实现跨越式发展 199

大力调整结构 重振东郊雄风 206

提升企业竞争力是构建四川核心竞争力的根本 209

县域工业化要着力于工农互促城乡共进 217

力争经济持续稳定高增长

　　——对四川经济发展提出的建议　……220

勇于探索是四川的风貌

　　——专访著名经济理论学家刘诗白　……222

深圳正在进行新的飞跃

　　——著名经济学家刘诗白高度评价深圳

　　推出的民生净福利指标体系　……226

全面开创新局面的首要任务[①]

——学习十二大关于促进社会主义经济全面高涨的体会

  具有划时代意义的党的十二大，向全党全国人民发出了全面开创社会主义现代化建设新局面的伟大号召。胡耀邦同志在十二大的报告（以下简称《报告》）中提出党在新的历史时期的总任务是"团结全国各族人民，自力更生，艰苦奋斗，逐步实现工业、农业、国防和科学技术现代化，把我国建设成为高度文明、高度民主的社会主义国家"，明确指出"在全面开创新局面的各项任务中，首要的任务是把社会主义现代化经济建设继续推向前进"，规定了20世纪的最后20年间我国经济建设的战略目标、战略重点、战略步骤，阐述了当前经济工作中特别要注意解决的几个重要原则问题，同时，还阐明了在进行现代化经济建设时要加强社会主义精神文明的建设与发展社会主义民主。可以说，十二大的上述有关论述与规定，体现了一个完整的社会主义经济建设的纲领。这个纲领是在总结新中国33年来经济建设的经验教训，掌握了社会主义客观经济规律的基础上制定的，特别是它吸取了我国经济建设遭遇过的曲折

[①] 原载《四川日报》1982年10月21日。

与挫折的痛苦教训。它体现了马克思主义与中国实际相结合，是一个马克思主义的经济建设纲领。它是指导我国当前社会主义经济全面高涨、实现党的战略目标的基本保证。

《报告》透辟地论述了全面开创社会主义现代化建设中，首要的任务是促进社会主义经济的全面高涨，经济建设是核心，经济工作是全党工作的重点。这些论述体现了建设社会主义的客观规律，是经过反复的实践检验得到证明的真理。

社会主义革命是资本主义生产关系与现代社会化大生产的不可克服的矛盾的必然产物。社会主义革命在生产资料公有制基础上彻底地解放生产力，使社会的一切生产资源和现代科学技术成就最充分地应用于生产，创造出高度的劳动生产率，这样才能最大限度地满足全体人民不断增长的物质与文化生活的需要，才能不断地巩固与完善社会主义经济制度和无产阶级专政的国家制度；才能使整个国民经济转移到现代化的技术基础上来，逐步消灭城乡差别、工农差别和体力劳动与脑力劳动的差别；才能进一步地繁荣社会主义文化科学和实现社会生活各个方面的进步；才能有力地推动社会主义向前发展和为将来逐步地过渡到共产主义创造条件。因此，任何社会主义国家，无产阶级在夺得政权以后，在着手解决面临的各个方面的繁重任务与进一步扩展革命胜利的成果时，都必须把大力发展社会生产力作为中心的工作。马克思曾经在论述西欧发达的资本主义国家的社会主义革命时，就深刻阐述了取得革命胜利、上升为统治阶级的无产阶级，在进行"一步一步地夺取资产阶级的全部资本"的同时，要"尽可能快地增加生产力的总量"。

社会主义革命首先是在世界资本主义体系的薄弱环节爆发的，而首批走上社会主义建设道路的是生产力水平不高、资本主义经济不发达的国家。在这些国家建立了先进的社会主义制度与国家制度，而物质技术基础却很薄弱。因而，把大力发展社会生产力、建立起雄厚的物质技术基础作为这些国家的首要任务就十分迫切和必要，否则，就不能进一步巩固社会主义制度，就不能满足人民日益增长的消费需要，就不能有效地对付外敌入侵。如果生产力不向更高的水平发展，充分的物质基础迟迟不能建立，社会主义事业的发展就会遇到障碍，而长期的物质匮乏与贫穷是与社会主义制度不相容的，更谈不上逐步向共产主义过渡。正是因此，列宁在十月革命后不久指出，"在任何社会主义革命中，当无产阶级夺取政权的任务解决以后，随着剥夺者及镇压他们反抗的任务大体上和基本上解决，必然要把创造高于资本主义社会的社会经济制度的根本任务，提到首要地位；这个根本任务就是提高劳动生产率"。列宁把发展生产力提到了党的各项工作首要地位的高度，深刻地阐述了关于夺取了政权的无产阶级要随着情况的变化，及时地实行战略重点的转移，反映了建设社会主义的一般规律。

毛泽东同志在新中国成立前后，特别是在生产资料所有制的社会主义革命取得基本胜利后，多次论述要把党的工作重点转移到经济建设上来。党的八大提出了全党和全国人民当前的主要任务是发展社会生产力，"把我国尽快地从落后的农业国变为先进的工业国"，实际上就提出了把经济建设作为中心的正确的战略重点转移。党的主要任务与工作重点，是根据一定时期社会的主要矛盾而制定的。适应社会主要矛盾的变化，及时而果断地提出新的斗争任务与改革工作重点，是党所进行的革命事业不断走向胜利的根本保证。在我国，生产资料所有制的社会主义改造基本完成后，资产阶级作为阶级也已消灭，国内主要矛盾已经不再是工人阶级与资产阶级的矛盾，而是人民日益增长的物质文化需要同落后的社会生产之间的矛盾。在这种情况下，党的主要任务就理所当然的是大力发展社会生产力。而只有随着社会主义建设时期的到来，及时地把党的工作重点转移到经济建设上来，使全党集中注意力抓好作为第一位的经济工作，使全国人民目标一致共同努力搞好经济建设，才能把亿万人民组织成一支最有战斗力的生产大军，才能组织一场最有效的、持续的、大规模的向自然的开战，才能顺利地解决发展社会生产力这一极其艰巨而复杂的任务。

党的八大所提出的战略转移，由于种种原因未能得到实现。其中主观认识方面的原因，是对向社会主义建设转变的正确指导思想并没有成熟和牢固地确立，还未能做到更深刻地从科学理论上来认识生产资料所有制的社会主义改造后，在阶级关系上所引起的根本变化。在某些时候，囿于事物的某些现象，把阶级矛盾看成是主要矛盾，这不仅在实践上造成阶级斗争扩大化和政治运动经常化，而且分散了从事经济工作的主要注意力，以致使我国社会主义建设经历了曲折的发展过程。

"十年动乱"极大地破坏了我国社会主义经济建设和各项事业。事实表明，对于像我国这样的一个底子薄、人口多，消费需要大而又百废待兴、对积累需要量大的社会主义国家，如果不能集中主要注意力把经济搞上去，如果国民经济不能以预期的步伐增长，就会直接影响到人民生活的改善与各方面事业的发展，给我国的经济生活带来许多困难。党的十一届三中全会以来，由于实行了战略重点转移，我国的工农业生产形势越来越好，人民的生活日益得到改善。新中国成立以来，我国社会主义的革命与建设的经验、教训，使人们更加清楚地认识到：能不能适时地把党和国家工作的重点，转移到经济建设中心上来，是关系到社会主义建设成败的大问题。

党的十一届三中全会，果断地决定把工作重点转移到经济建设上来。《关于建国以来党的若干历史问题的决议》明确规定："今后，除了发生大规模外敌入侵（那时仍然必须进行为战争所需要和容许的经济建设），决不能再离开这个重点。"党的十二大，进一步阐明了全面开创现代化的建设中，首要任务与中心工作是经济建设。邓小平同志在党的十二大开幕词中，强调我国人民在20世纪80年代要实现的三项任务中，"核心是经济建设，它是解决国际国内问题的基础"。胡耀邦同志所作的十二大报告，不仅深刻地阐明了以经济建设为中心的科学依据，而且通过制定完整的经济建设的纲领，为全党、全国人民从事于经济建设和服务于经济建设指出了具体的方向。我们党今后将长期地和坚定不移地大力地领导、组织与发展我国社会主义经济建设，并由此来全面开创我国社会主义建设的新局面。这正表明，我们党不仅已经清除了过去长期存在的"左"倾错误，而且通过总结新中国成立以来正反两方面的经验教训，已经深刻地掌握了我国建设社会主义的客观规律，这也表明我们党是善于学习的成熟的马克思主义政党。

以经济建设为中心，绝不意味着否认我国还需要处理阶级斗争性质的问题，恰恰相反，《报告》明确指出，阶级斗争还在我国社会一定范围内长期存在，并且在某种条件下还有可能激化。并要求我们保持清醒的头脑，作好长期斗争的精神准备，在以经济建设为中心的同时，我们还要抓好与处理好带有阶级斗争性质的社会矛盾，要狠抓打击经济领域中的严重犯罪活动的斗争及其他领域的同类性质的犯罪活动。这样，才能坚持社会主义道路，保证经济建设的顺利发展。但是，我们却决不能走到"以阶级斗争为纲"的老路上去，不能离开发展经济这一中心任务。

以经济建设为中心，并不是不要坚持政治思想工作。在建设社会主义中，如果说，根据历史唯物主义关于经济是基础的原理，要求我们把经济建设作为工作的重点。那么，同样，根据上层建筑对经济基础有强大反作用的原理，要求我们在建设社会主义中，充分发挥思想文化以及政治制度对经济的巨大反作用。党在新时期的总任务中，把创造高度的物质文明的经济建设与创造高度的精神文明的文化思想建设，以及创造和实现高度民主的政治建设，同时作为重要内容。特别是《报告》中高度重视以共产主义思想为核心的社会主义精神文明建设的重大作用，并把它提到建设社会主义的战略方针的高度，指出："没有这种精神文明，就不可能建设社会主义。"《报告》论述了建设高度社会主义民主的重要意义，指出它是建设社会主义物质文明与精神文明的保证。这表明，党制定了一条全面的社会主义建设的方针，这一方针要求充分发挥经济建设、思想文化建设与政治建设的相互促进作用，来促进社会主义事业的全面高涨。

总之，党的十二大制定了我国社会主义现代化的科学纲领，特别是制定了我国社会主义经济建设的纲领。这一马克思主义的正确纲领，将指导与促使我国社会主义经济不断地走向全面高涨，这是无可怀疑的。我们一定要增强信心，振奋精神，同心同德，在十二大的精神指引下，大力搞好经济工作和其他各项工作，为实现20世纪末我国经济建设的战略目标而奋斗。

建设有中国特色的社会主义的科学指针①

  《邓小平文选》（以下简称《文选》）的出版，是我国政治生活中的一件大事。《文选》以其高度科学性与革命性相结合的鲜明特色，对我国当前与今后的思想工作和理论工作将起到深远的影响，无论从实践上还是理论上来说，都具有不可磨灭的意义。

  《文选》的内容，涉及政治、经济、科学技术、文化教育、军事、外交等许多方面。它贯串着一个中心思想即红线，就是从中国的实际出发，走自己的道路，建设具有中国特色的社会主义。《文选》中对新时期社会主义经济建设的各项重大根本理论问题与实践问题，都做了精辟的论述。这些论述，已经体现在党的十一届三中全会以来的党的方针政策中，成为我们建设具有中国特色的社会主义的指导思想。在我国当前全党全民集中力量进行社会主义经济建设，为完成党的十二大提出的本世纪末所要达到的战略目标而奋斗的斗争中，认真学习《文选》，深入领会《文选》中有关社会主义经济建设的论述，是十分必要的。下面谈谈我学习《文选》的初步体会。

---

① 原载《四川社联通讯》1983年第5期。

一、社会主义经济建设必须坚持实事求是

《文选》中，给人印象最深的是小平同志坚持实事求是的思想路线。小平同志一贯强调实事求是，一切从实际出发。实事求是，研究与找出客观规律，按照客观经济规律办事情，这是唯物主义的思想方法和工作方法，是无产阶级政党的马克思主义的思想路线。实事求是也是毛泽东思想的基本点，它与脱离实际、从本本出发、从某一个人的指示出发的唯心主义思想方法是针锋相对的，中国民主主义革命所以取得胜利，在于以毛泽东同志为代表的中国共产党敢于实事求是，敢于从中国的国情出发，来确定革命的方法与道路，来制定党的路线和方针。

但是，做到实事求是并不容易。我党在民主革命时期自遵义会议以来，坚持了实事求是，取得了解放全中国，建立新中国的伟大胜利。中华人民共和国成立以来，我们力求在社会主义经济建设中贯彻这一方针，但1958年以来，在许多问题的处理、许多工作的安排上，违反了实事求是的原则。在生产关系上搞冒进的不断革命，在建设上的贪多求快，经济建设上的"左"倾路线，这些在思想方法上是违反实事求是的。而林彪与"四人帮"更是大搞个人崇拜，制造迷信，用他们的"假高举"来禁锢人们的思想，提倡"一切照办"，不唯实，只唯上，"不准越雷池一步"，否则，就要追查，就要扣帽子，打棍子，并发展到极端，搞什么"三忠于""四无限"，造成了人们思想的僵化。正如小平同志说的："不从实际出发的本本主义也就严重起来了。书上没有的，文件上没有的，领导人没有讲过的，就不敢多说一句话，多做一件事，一切照抄照搬照转。"[1]小平同志的卓越贡献，

---

[1] 《邓小平文选（1975—1982）》，人民出版社，1983年，第132页。

在于他把唯物辩证法的实事求是的基本方法与基本原则，真正地贯彻于社会主义现代化建设中，用来指导和组织社会主义经济关系与进行社会主义经济建设。小平同志强调提出实事求是，不仅是为了与"四人帮"的唯心主义、唯意志论做斗争，而且是为了总结我国经济建设中的经验与教训，更重要的在于实现社会主义现代化的艰巨任务，要求工作中不是按照本本，按照他国的模式，或是想当然地任意决策，瞎指挥，而是要求严格地从实际出发，来决定经济建设的任务、方法、道路、措施和方针。因为，任何指导思想上的失误，都会引起建设上新的挫折，贻误"四化"大业。正是由于以上原因，小平同志1975年以来，在与"四人帮"进行针锋相对的斗争中，在拨乱反正，开创四个现代化的新局面的斗争中，就是从端正全党的思想路线，恢复党的实事求是的思想路线和优良传统做起。

《文选》中，小平同志密切结合社会主义现代化建设特别是经济建设的情况和需要，再次阐述了毛泽东同志一贯倡导的，想问题，作决定，办事情，坚持实事求是，一切从实际出发的科学方法论，透辟地阐述了坚持实事求是的重要意义。他指出不但中央、省委、地委、县委、公社党委，就是一个工厂、一个机关、一个学校、一个商店、一个生产队，也都要实事求是，都要解放思想，开动脑筋想问题，办事情。《文选》中关于实事求是的论述，切中时弊，指出了多年来我国经济建设中发生错误、曲折的思想根源，有力推动全党端正马克思主义的思想路线；同时又为我党领导新时期的社会主义经济建设提供了明确的指导思想，使我们的方针政策具有科学性，是我国社会主义经济建设能不再遭受折腾，蓬勃地向前发展的根本保证。

二、从中国国情出发，建设有中国特色的社会主义

坚持实事求是，就要理论联系实际，首先要把马克思列宁主义的一般原理与中国革命的实际相结合。就社会主义现代化建设来说，它要求把马克思主义关于社会主义建设的基本原理与中国的国情相结合，走一条适合于我国国情的社会主义建设的道路，而不能照搬本本和抄袭其他国家的经验。毛泽东同志十分注意中国化的社会主义建设，在1956年他把以重工业为中心，充分注意发展农业和轻工业，作为中国工业化建设的道路。毛泽东同志对中国化的社会主义建设道路，作了许多探索，但是由于种种原因，这方面的努力并未得到预期的成效。邓小平同志一贯高度重视毛泽东同志历来倡导的，把马克思列宁主义的普遍原理和中国革命的具体实践相结合的思想。在长期的革命中和中华人民共和国成立以来参与领导经济工作与制定有关经济政策的实践中，他的思想特别鲜明地体现了这一个"结合"。自1975年以来，邓小平同志用很大精力来研究我国现代化建设的问题，特别是现代化经济建设问题。他自始至终从中国新时期的国际国内的具体条件，来考虑、设计与制定我国经济工作与经济建设的蓝图。

邓小平同志的这个一切从实际出发的思想作风与工作作风，国外称之为"务实派"。如果说真有这样的务实派，那么以马克思列宁主义、毛泽东思想为指导的中国共产党人都应该是不作空论、不唱高调、重视理论联系实际的"务实派"。在我国社会主义建设新时期，小平同志指出了建设具有中国特色的社会主义的科学论点，这个提法是他把马克思列宁主义关于社会主义建设的基本原理与中国实际相结合的思想的进一步发展，是这一思想的极有价值的新的结晶与升华。

建立具有各国特色的社会主义，本来是马克思主义经典作家早就加

以论述了的。这是因为走上社会主义道路的各个国家，不仅在生产力水平上有差别，而且在包括土地、人口、资源等经济条件上不一样，在民族传统、风俗习惯、文化水平等方面也不一样，因而各国的社会主义除了体现社会主义的一般特征而外，在社会主义生产关系与上层建筑的具体形式和社会主义建设的方法、道路上自然地还要体现各国特色，不可能是一个模式，十个指头一样齐。这也就是寓一般于特殊、特殊中体现一般的唯物辩证法的一般规律，是毛泽东同志早在《矛盾论》中就加以透辟地论述了的。但是在经济工作中，把马列主义关于社会主义建设的一般原理与中国实际相结合并不容易做到，这主要是由于缺乏经验，此外也是由于本本主义（唯书），不动脑筋地按指示办事（唯上）等在作怪。在这方面我国是有深刻经验教训的，并付出了高昂的"学费"。例如1956年以来，在建立与组织社会主义生产关系时，搞"不断"的革命，不停顿的变革，不允许个体所有制的存在；在社会主义所有制中，也追求"一大二公"，把小集体升级合并，把集体变全民，把所有制搞得纯之又纯，公而又公。我国的农村集体经济的高级社形式，是模仿苏联集体农庄即农业劳动组合的，是一个集中劳动、统一分配的较纯粹的集体所有制经济组织形式，今天看来，它并不适合我国农村物质生产力的状况。此外，我国20世纪50年代逐步建立起来的社会主义国民经济管理体制，包括国家用行政方法直接管理的计划管理体制，流通管理体制，分配体制，劳动、工资、价格等，基本是承袭苏联的模式，存在着集中过多，管得过死的严重弊端。又如，在社会主义建设上，长期以来贪多求快，在社会主义建设速成论影响之下，提高指标，高积累，片面突出发展重工业，搞"以钢为纲"，这是受苏联的优先发展重工业方针的影响；另外，把自力更生变成了闭关自守等。以上这些做法，并不适合我国的国情，影响了我国经济的发展，一些领域生产的长期徘徊不前与此直接相关，但是人们还看不出问题之所在，甚至认为是自然灾害所造成或是阶级斗争抓得不够。20世纪50年代陈云同志指出了经济建设和生产关系变革要从国情出发的一些重要思想，但并未得到重视。这就表明，坚持实事求是，真正地做到把马列主义一般原理与中国实际相结合，是不容易的事。即使是革命时期做到了，在社会主义时期未必也能做到；在某些方面的工作中做到了，在最复杂而艰巨的社会主义经济建设中却未必能够做到。这里还有这样的客观原因：在打仗中，"失一堑"是较快的，人们也可以在较短时间"长一智"；而经济建设却要有较长时间，建一个大厂要若干年，建设方针成效如何，需要较长时间实践的检验，如一至两个五年计划的实践检验，才能更清楚地看出它的正确与错误和得失所在。

小平同志在我国历史转折的新时期，以敏锐的目光，深入事物底蕴的洞察力，总结了我国社会主义建设的经验教训，指出了我国经济工作中许多脱离实际的缺陷。例如，他指出我国经济管理体制存在权力过于集中，不利于充分发挥国家、地方、企业和劳动者个人四个方面的积极性的弊端，不适合于像我国有这么多省、市、自治区，一个中等的省就等于欧洲的一个国家的国情。如合作化问题上，指出社会主义改造速度太快了，集体化的组织形式，也不适合我国的情况。在工业发展上，指出工业建设不能一味追求速度，求快。在《文选》中，虽然没有很多专门论述中华人民共和国成立以来的经济工作的篇章，但是其中包含着对中华人民共和国成立以来经济工作多方面的经验教训的明确而科学的总结。

小平同志指出："把马克思主义的普遍真理同我国的具体实际结合起来，走自己的道路，建设有中国特色的社会主义，这就是我们总结长期历史经验得出的基本结论。"① 这一提法要求建设起来的社会主

---

① 《邓小平文选（1975—1982）》，人民出版社，1983年，第372页。

义最充分地适合我国的国情，要求社会主义生产关系的具体形式贴切地适合于我国生产力发展的要求，要求社会主义建设的方法、步骤，更加切合我国的具体条件。这一提法意味着搞社会主义建设要真正地做到按照客观规律办事。具有中国特色的社会主义，不是标新立异，而正是使社会主义在生产关系和上层建筑上更加完善，更适合于社会生产力发展，更有利于社会主义制度的巩固，使社会主义的优越性能得到更充分的发挥和更加充分地表现出它的吸引力。因而，建设具有中国特色的社会主义，不仅不是离开了社会主义，而恰恰是在我国真正地坚持了社会主义。这个提法，使我们在新时期进行社会主义经济建设有了一个科学的指导方针，这个提法有重大的科学意义与深远的历史意义，可以说，它从指导思想上为我们今后社会主义现代化事业顺利地发展提供了保证。这个提法，不仅表明了小平同志卓越的思想，也表明我们党基于历史经验的科学总结，对社会主义建设规律的认识更加深入，表明我们党中央领导的更加成熟。

三、从新的历史条件出发，制定了建设具有中国特色的社会主义的大纲

实事求是，主要是从当前的实际而不是从将来的实际出发，因而要重视研究新的历史条件。正如小平同志所强调的：要分析新情况，研究新问题，做出新结论。这就是说，不能固守着马克思主义经典作家许多年前基于当时条件所作出的某一些论断，而是要解放思想，勇于创新，在新的历史条件下把马克思主义推向前进。切不可思想僵化，把那些早已经实践检验证明业已过时的论断，当作自己的精神枷锁。

从《文选》中，感受最深的，就是小平同志对马克思主义，既立足

于坚持，又强调要发展的科学的态度，特别是透辟地论述与提倡要在四个现代化的新实践中发展马克思主义。小平同志不仅论述了能不能坚持马克思主义关系着"四化"的成败，而且坚定明确地把能不能发展马克思主义，作为能否搞好"四化"的根本前提。小平同志在许多论述中，十分深入地阐述了中国式的现代化是一个前所未有的崭新的事业，也是一个无比艰难的事业，要顺利地推进这一事业，不能依靠过去的经验，不能在书本中去找答案，唯一的出路就是要根据马克思主义的基本原理，在研究新情况中，用创造性的新的结论来丰富和发展马克思主义。小平同志强调新的历史条件，新的革命事业，要求有新的理论。他指出，我们面前有大量的经济理论问题，包括基本理论问题，工业理论问题，农业理论问题，商业理论问题，管理理论问题，等等。他要求人们研究这些理论，反对故步自封，夜郎自大，而且要求理论著作有新内容、新思想、新语言。"我们是一个马克思主义的大党，我们自己不重视马克思主义的研究，不按照实践的发展来推动马克思主义的前进，我们的工作还能够做得好吗？我们讲高举马列主义、毛泽东思想的旗帜，不就成了说空话吗？"[①] "我们的革命导师马克思、列宁、毛泽东同志历来重视具体的历史条件，重视从研究历史和现状中找出规律性的东西来指导革命。那种否定新的历史条件的观点，就是割断历史，脱离实际，搞形而上学，就是违反辩证法。"[②]

从《文选》中可以看出，小平同志是研究新情况与分析新问题的典范，他的许多有关我国政治、经济、文教的论述与倡议，是对马克思主义的新发展。就经济工作来说，《文选》指出了一系列有关我

① 《邓小平文选（1975—1982）》，人民出版社，1983年，第167~168页。
② 《邓小平文选（1975—1982）》，人民出版社，1983年，第116页。

国社会主义经济建设的十分卓越的科学论断，高度概括集中了党中央领导的集体智慧，形成了一个有中国特色的社会主义建设纲领。它包括：（1）改革经济管理体制，在坚持集中统一的前提下，扩大企业经营管理自主权；（2）改革与完善农村集体经济组织形式与加强责任制；（3）改革计划管理体制，在计划指导下，发挥市场调节的辅助作用；（4）重视用经济手段管理经济；（5）在独立自主、自力更生的基础上，实行对外开放的方针；（6）强调了马克思主义关于科学技术是生产力的基本论点，制定了大力发展科学技术的方针；（7）大力发展教育事业，以提高全民族的文化水平与科技水平。

小平同志如上的许多论述，体现了党中央的集体智慧，也直接体现了小平同志善于把马列主义基本原理和中国当前的具体实际相结合，并由此进一步用新的结论来发展马列主义、毛泽东思想。敢于从实际出发，抛弃某些过时的论断而代之以适合于新的历史条件的新结论，是小平同志思想的一个鲜明特点。他说："如果只是毛泽东同志讲过的才能做，那我们现在怎么办？马克思主义要发展嘛！毛泽东思想也要发展嘛！否则就会僵化嘛！"[1]

这里和整个《文选》都体现了小平同志敢于在理论上创新的革命家的气魄。我觉得，《文选》还体现了小平同志理论工作的锐意进取精神，这不仅反映了我们伟大的时代，我们的伟大革命事业——中国式的现代化——的需要，而且体现了小平同志兼有雄伟气魄的无产阶级的革命家与卓越的理论家的品质，这也正是他能在艰巨繁忙的革命政治活动中，从事创造性的理论活动的原因。

---

[1]　《邓小平文选（1975—1982）》，人民出版社，1983年，第123页。

振兴四川经济的几点思考[①]

　　"六五"期间四川经济在各方面都取得了显著进展，成绩很大，形势很好。但是，与全国一些增长步伐更快的地区相比，差距开始拉大，我们应该加快发展，奋起直追。下面谈几点不成熟的意见。

一、千方百计搞活大企业

　　振兴四川经济首先要把国营大中型企业搞活。20世纪50年代以来，特别是三线建设以来，国家在我省投资数百个亿，建立起一大批大型企业。这些大型工业企业，有在全国居领先地位的物质技术条件，有相当雄厚的技术力量，有很大的增产潜力，是振兴四川经济的重要物质基础。大型企业资产很多，产值不高，特别是军工企业，从来未充分发挥效益。在我国新的体制下，军工也要搞商品生产，要面向市场，在国家订货不足的情况下，要生产民品，由此转到自负盈亏、自行发展的轨道，不要由国家包下来，要发挥潜力，给国家做贡

———————————

①　原载《财经科学》1986年第6期。

献。但大企业要搞活问题很多：产业结构不合理，生产民品设备不配套，工厂所有制单一，生产组织是全能型的，规模庞大，机构重叠，机构臃肿，不适应商品生产的要求。

要搞活国营大中型企业很不容易，这方面任务还很艰巨。唯一的出路是深入改革，完善所有制，落实自主权，搞活资金，对准市场需要，开展多种经营，使企业真正地转到商品经济的轨道上来。联产承包制挖出了农村的潜力，通过进一步改革、搞活，可以使大企业的潜力得到发挥，我们应该有充分的信心。

二、充分重视中小企业的作用

把加快中小企业发展作为近期的战略目标。从四川实际出发，我们既要抓好大企业，又要进一步加快中小企业的发展，走大中小相结合的道路。多年来，我们在经济发展中存在两个弊端：一个是急性病，片面追求速度；一个是贪大求洋，热衷于搞大的，对中小企业作用估计不够。一谈到发展工业，想到的就是156项工程，就是搞"二重"、攀钢那样的大型企业。但是在当前，经济建设重点东移，我们应该立足于现实，在国家没有更多、更集中的投资的情况下，四川的建设只能自力更生，依靠自己的力量，有多少钱，办多少事。为此，主要应着眼于发展投资少、效益快的企业，特别是要把抓好轻纺工业、第三产业、中小型企业、集体所有制企业，促使其发展，将其作为工作的重点，使之出效益、出积累。因此，应促进我省工业的轻型化、中小型化、集体化，其核心是自力更生，自求发展。

不少小型企业，投资少、盈利大，百元固定资产利税率达30%~50%，甚至更多。特别是集体所有制的小型企业，不花国家一分钱，最多给点贷款。大力抓好中小型企业，花力不多，效益显著，可以大大加快经济增长。因此，我认为，对我省经济的发展应有新的思路、新的做法、新的战略，可以实行加快中小型企业发展为中心的近期、中期战略。

三、加快乡镇工业的发展

实行中小型为主，在抓好国营中小型企业的同时，特别要大力抓好乡镇企业，加快其发展。乡镇企业是农村体制改革的产物，它的发展，特别是乡镇工业的发展，可以使农民增收，使剩余劳动力有出路，可以通过农副产品加工、以工助农等方式，促进农业的发展；可以加强小城镇的建设，可以在农村经济发展的基础上，促进农村文化教育事业的发展。乡镇企业是直接富民的，它的重要地位是不容置疑的。

我省乡镇企业近二三年来有很大发展。1985年底，我省有112万个乡镇企业，人员470万人。乡镇企业超过亿元的县（市）49个，超千万元的乡129个，超百万元的村185个。总的来看，乡镇企业发展的水平还是不快，目前乡镇企业总产值占全国第7位，农村人口人均产值占第21位，人均产值相当于江苏省的1/3，浙江、山东的60%。

乡镇企业的发展近年来取得显著成效，在全国有无锡、常州等的"苏南模式"，浙江的"温州模式"。

苏南模式是以乡、村两级为主，集体所有制为主，依靠大工业城市——上海、无锡、常州为后盾，依靠城市工业产品扩散，城市技术力量的支持而发展起来的。

今年4月份，我们去无锡。该市（三县一市）工农业总产值181亿元，其中乡镇企业已达90亿元，占50%。乡镇企业利润8.5亿元，上交税金4.79亿元，占全市财政收入的27.3%。54个乡中，亿元乡已达27个，2亿元乡7个。这些乡镇企业均是自筹资金，自力更生，逐步扩大、发展、提高，不少已经成为设备先进、厂房宽敞、绿化很好的工厂，不少企业的物质条件大大胜过上海里弄工厂，不少乡镇企业产品打入国内、国际市场。

乡镇企业的迅速发展，带来了农民收入的增长。由于实行以工补农，使农民的收入达到了乡镇企业工人的收入水平。以工补农的方法是：（1）按承包亩数，给一定补贴；（2）按完成粮食订购合同的斤数，每斤补以5分或6分钱。这样，就调动了农民的积极性，基本稳定了农业。由于乡镇企业吸引大量的劳动力，使无锡农村的剩余劳动力有了用武之地。在那里，从事农业的劳动力仅占25%左右，在我国人口最为集中的地区，解决了就业问题。不仅如此，在苏南地区已经出现劳动力不足，城乡工业开始从外地招雇工人。乡镇工业的发展，已经大大改变了农村的面貌，而这一切变化仅仅用了几年的时间。

对于乡镇企业的发展，我们应该大力扶持，引导完善，保护其积极性。

乡镇工业要有城市工业带动，可考虑选择成都、德阳等市和广汉、新都、邛崃等县作为我省发展乡镇工业的重点地区，在"七五"期间形成以成、渝等地为中心的乡镇企业集中发展的经济区。试点地区要进一步健全乡镇企业局，组织好领导班子，加强对乡镇企业的具体帮助，协助它解决好市场预测、可行性研究、发展规划等问题。

要协助解决乡镇企业发展迫切需要的技术和管理人才的问题。我省乡镇企业普遍存在的问题是技术、管理落后，产品质量差，成本高，竞争能力薄弱。因此解决技术和管理的问题十分迫切。为此，主要的是如何放宽政策，挖掘我省科技人才的潜力，使之为乡镇企业所用。要提倡大学与科研机构面向乡镇企业，实行教学、科研、生产三结合，支援四川经济振兴。西南财经大学已经与广汉开始协作，努力为该县培养管理人才。上海交大在无锡办一个专业，教授去讲学，发文凭，县内承认。我省也可实行这些办法。

要在改革、搞活中解决发展乡镇企业的资金问题。乡镇企业的发展，一方面需要银行资金，银行也要对有效益、有偿还能力的企业大胆扶持；另一方面和更主要的是靠自己集资，这就需要改革。集体单位用股份制筹集资金，效果很好。邛崃1984年和1985年两年来靠股份集资1692万元，成立股份制企业810多个，其中粮油、肉类、茶叶加工、酿酒等企业400多个，1985年全县食品工业产值破亿元。在紧缩银根时期，股份筹资更加重要。为了搞活资金，我省也应该积极在城市进行股份制的试点。

发展乡镇企业，应该从我省实际出发，吸收全国各地的长处，建立农村发展四川模式。苏南模式的长处是它以上海、无锡的工业基础和技术力量为后盾，依靠集体所有制经济的力量，工业起带动作用，以工助农，促进了农村经济的全面发展。它的缺点是：（1）工业主要集中于乡、村两级，依靠了集体，但对个体经济力量发挥不够，基本上是两个轮子转；（2）实质上它是乡政府所有制，有一定的吃大锅饭的性质，政企分开还未彻底解决；（3）乡镇工业应该有乡土气，不仅要以工助农，还要以农助工，充分利用农村资源，运用农业原料进行加工。我省广汉县大搞农产品加工、肉类加工，做方便面，进行油料加工，利用砂石以发展建材，利用矿泉水以发展饮料，近年来工农业总产值连年增长。广汉县委说，他们要走立足于农业来发展乡镇工业的道路和搞"广汉模式"。

我省发展乡镇工业，还有必要参考和借鉴温州的经验。"温州模式"的特点是依靠市场的力量，充分发挥市场和个体商业的作用；依靠家庭工业和民间信用。温州就是在一个经济落后、无大工业可依托的丘陵地区，依靠个体的甚至有些资本主义因素的经济的积极性把经济搞上去的。在温州，一些专业户的富裕程度超过无锡，收入差别大，集体经济发展不足，经济成分复杂。但是，只要是以公有制为主体，能在今后逐步实行联合化，就基本上不会有危险性。温州的经验在于：要进一步放宽，搞活。我省有许多地方，如老少边地区，生产水平、技术条件均较差，多年来经济发展缓慢，我认为"温州模式"给我们很多启发，很有借鉴的必要。

总之，四川农村乡镇企业的发展，要广泛吸取国内各地诸家经验之长，要五个"轮子"一起转，有些地方集体轮子大一些，有些地方个体轮子大一些，要从实际出发，不拘一格。

四、重视流通，以商促农、以商促工

对于进一步加快四川经济的发展问题，可以考虑采用以流通促生产的办法。20世纪50年代以来，搞经济建设，叫作一手抓农业，一手抓工业，或以农业为基础，以工业为主导。那时经济工作的重点，经济工作的指导思想，都忽视了流通、商业、金融的积极作用。我认为，在当前发展社会主义商品经济的新时期，固然要抓好农业和工业的发展，但应把流通放在重要地位，要以商促农、以商促工，发挥流通对生产的积极促进作用。流通，包括商业与金融。首先是商业，无农不稳，无工不富，无商不活，这适用于农村，也适用于一个省。

发展商品经济，对企业来说，在于讲求产品质量，提高竞争力，但外在条件是市场。市场是商品经济的重要动力。早期资本主义的繁荣是由商业来带动实现的，日本战后经济起飞是由它的国际贸易来促成的。要使国营企业真正转到自主经营、自行发展、自行完善、自我革新的轨道上来，就要求发挥市场作用，由市场来带动、来逼。农村的专业户、庭院经济、家庭工厂，要由商业来带动。温州的农村家庭工业，就是以十万商业经营户的购销活动，由400多个市场和十大专业市场来带动的。温州经验表明了市场在商品经济中的重要促进作用。市场可以带出一个几十万人的家庭工业，如果就一个省来看，搞活市场和流通，可以大大促进亿万人所从事的商品生产和经营的发展。

目前，流通未能适应商品经济的发展，国营企业、乡镇企业许多产品积压，有多种原因，但市场割裂，流通不畅，还有运输能力不足是一个重要原因。我们可以实行新的战略，搞活经济市场，实行多渠道、少环节，国营、集体、个人一起上，城市、农村一起上。如果把流通进一步搞活，形成四通八达的、畅通无阻的商品市场，我们的农业、乡镇企业、城市企业就有了进一步发展的条件。只有这样搞，甘孜、阿坝、凉山三州的自给自足经济，才能被打破，那里的工农业生产才能转到商品经济上来，那里的经济才能有较快发展。

城市是商业集中地，要以商促工。以商促工，必须加强城市的功能，有必要进一步把城市办成商业中心。把成、渝及其他各市，办成商业中心，内陆物资集散地，成为商业流通大动脉，使川、滇、黔、藏的物资，由此交易、转让、加工。在历史上，四川的成、渝、万等城市就是以商立埠的。新中国成立后，这些城市片面发展工业，而商业流通功能却被削弱了，至今，甘、阿、凉地区经济发展缓慢与成都的城市商业功能削弱有关。今后可以大力进行城市的商业中心的建设，首先使成渝两地成为川东、川西并立的两大贸易中心。

为了搞活流通，还必须搞好交通，要扩建公路，搞好水运、铁路建设。

要进一步搞活金融，实行多种信用形式，建立多样金融机构（全民、集体和允许民间信用），进一步挖掘资金潜力，来为工农业发展提供资金条件。

五、进一步解放思想，坚持改革，放宽搞活

以上的战略和发展措施，都是立足于深入改革之上的。大企业搞活，内部要通过企业改革，外部要通过社会主义市场体系的建立，还要加强和完善宏观控制。乡镇企业的发展，解决资金技术问题，要走联合之路，要进行所有制的改革和商业、财政、税收、价格的改革。商业的发展，也必然要从体制改革入手。因此，我们的重要任务和道路在于改革、搞活、开放。四川是改革之乡，改革不能停步，也不能缓步。当前改革已成为世界性潮流，改革形势很好，机不可失，时不再来。改革要慎重，但也要积极。当前，我们要有新的改革势头，用深入改革来促进发展，这样，四川新的经济高涨和经济振兴一定会来到。

论苏南模式[①]

——无锡市乡镇工业鸟瞰

    我国农村的社会主义经济建设是以生产关系的变革为先导，进而实现劳动方式和生活、消费方式的变革。中华人民共和国成立以来，我国农村经历了土地改革、农业合作化、联产承包等变革，确立与完善了农村的社会主义生产关系。当前，我国农村正稳步地进入另一次伟大的变革之中，这就是逐步实现农业的机械化和农村的现代化。以苏南模式而驰名国内的江苏无锡、常州、苏州等地的农村经济的发展，采取以乡镇工业为重点，发挥工业的推动作用（通过以工助农等措施），引发了一场极为迅速和十分深入的农村产业结构的调整的劳动方式的变革，为我国农村的社会主义现代化建设走出了一条新路子。近年来，无锡农村引人注目的经济发展速度和农村经济结构的革命性变革，雄辩地证明了这条新路子是一条通往农业现代化的康庄大道。

    当然，我国农村社会主义经济建设和劳动方式的变革，要从各地区的具体条件出发，它在形式上、步骤上、速度上都会是多种多样

[①] 原载《财经研究》1986年第10期。

的，而不应仅仅遵循一种模式。在当前，除了苏南模式而外，还有多种各具特色的农村经济发展模式。本文只是总结苏南模式，而且主要是谈无锡市的情况，但着眼于整个苏南。

一、乡镇工业的兴起及其成就

无锡市（包括无锡县、江阴县、宜兴县和无锡市郊区）近年来，特别是1982年以来，乡镇工业有了迅速的发展。1979年至1983年，乡、村两级工业总产值翻了一番半；1979年至1985年平均每年递增34.4%，1985年无锡市乡镇工业企业数达9119个，工业总产值（包括乡、村、队、联户、个体工业5个层次）达92.1327亿元，已占全市工业总产值181.9亿元的50%。1985年实现利润8.53亿元，上缴税金4.79亿元，占全市财政收入的29.3%。全市乡镇工业的固定资产原值达到19.7亿元，自有定额流动资金达到8.0174亿元。就工业结构来说，机械占43.6%，纺织占20.29%，化工占11.65%，建材占9.74%，已形成以上述四个行业为主体的、涉及15个工业部门的体系。

无锡的乡镇工业一反人们心目中的老概念，它们大都拥有宽大的厂房，不乏性能良好的新型机器，绿化得很好的厂区。这些企业不仅可以生产一般的消费品，而且能制造性能十分复杂、价值十分昂贵的机械设备和电子产品。有一些产品已取得国家的许可证；不少产品属于国家、省、市的优质产品；一些产品完全与国营企业产品并驾齐驱，并已打入国际市场。无锡市1985年生产的轻工机械已达10831台，机电交流电机达140967千瓦，棉纱4446吨，服装1251万件，电风扇47万台，颇有名气的菊花牌电扇就是这里生产的。可以说，经过几年的努力，这里一部分企业，在物质技术方面已经超越了工场手工业的阶段，开始了向现代化的方向发展。

乡镇工业的发展，对农村产生着全面深刻的影响。它给农村的过剩劳动力开拓了广阔的就业门路。无锡1985年乡村工业职工83万人，农业劳动力40万人，只占农村全部劳动力的25%。原先挤压在狭窄的农地上的丰富的劳动资源，能够得到有效的利用。

乡镇工业的迅速发展，成为农民富裕起来的捷径。经过几年的发展，拥有390万人口的无锡市，人均社会产值已达到5630元。1985年，在全市54个乡中，工业总产值超亿元的乡已经有27个，超2亿元的乡已经有7个。"亿元乡"作为乡镇工业大发展条件下产生的新概念，在我国农村发展史上是具有划时代意义的。在亿元乡，工业产值已经在工农业总产值中占绝大比重。无锡市工业产值为工农业总产值的80%左右，而在亿元乡，工业总产值已经接近工农业总产值的90%。可以说，亿元乡赋予了"农村"这一概念以新的内涵，农村已不再是从事单一农业生产的场所，而是工业农业全面发展的经济基地。

在生产大发展的基础上，农民的收入有了迅速的提高：1986年农民人均收入达674元，比1978年增长37.2倍；同年工人人均收入达1113元，比1978年增长2.02倍。还有不少乡镇企业从业工人的人均年收入达到1188元至1500元，承包人（经理）的收入在3000元左右。这里，农村居民的实际收入已经高于城市居民的收入。因此，已经不存在农村人口向大城市的盲目流动，而是就地向乡镇集中。

乡镇工业的迅速发展，也曾经对农业起冲击作用，人们对于收入较少的种植业不感兴趣，甚至出现土地抛荒。对此，无锡市在乡镇工业发展的基础上采取了以下以工补农的措施：（1）按照农民土地承包亩数给以一定的现金补助；（2）按照承包农民完成国家的购粮合同的斤数，给以一定的价格补贴（每斤补助5分或6分）。同时，还采取了土地承包集中化的办法，例如使每个承包农户能包种10亩以上的土地（目前一般从事工业的农民还要种植他们自己的口粮），形成了具有一定规模效益的家庭农场。在土地适当集中以及以工助农的措施鼓励下，从事土地承包的农民亦能够得到不低于务工农民的收入。从而，调动了农民的增产积极性，使这里的农业生产得以稳定下来。

特别令人注意的是，乡政府将乡镇工业收入的一部分，用于购买技术先进的收割机和其他现代农业生产资料，承包给农业机器队经营，在适当付费的条件下为从事土地承包的农民提供服务。无锡县的前洲、玉祁等乡都有一个这样的机械化生产的村。再加上经济联合体在育秧植保等方面的服务，都大大节省了土地承包农民在农业生产中所需要的劳动量，提高了劳动生产率，从而使家庭农场（虽然经营的耕地规模不大，每户承包十来亩地）也表现出一定的规模效益。这表明，只要措施得当，乡镇工业的发展并不必然排挤农业，削弱农业基础，相反，倒是可能通过以工助农等措施，促进农业机械化和现代化的发展。

乡镇工业的发展，还带动了农村第三产业和文化建设的发展。在无锡农村差不多每个乡都修建起了很像样的百货大楼，旅馆和其他服务业也迅速发展起来了。玉祁乡花160万元造起一个在大城市也可称为上乘的影剧院，花20万元盖了一个敬老院，一个值50万元的医院也在建造中。依靠乡镇工业提供的利润，乡镇马路、桥梁等公共设施都逐步修建起来了。当我们走访前洲和玉祁乡时，道路泥泞、破旧冷落的旧乡镇已变成颇有现代化气派的小城镇。每天早晨你所看到的，不是挑着粪桶下地的庄稼汉，而是穿着整洁的工作服，骑着自行车到工厂上班的青年工人。更使人惊叹不已的是农民住房条件的变化。近年来，农村经历了由拆茅屋、修瓦房到二层楼房甚至三层楼房的变迁。

现代家用电器一件件进入了农村家庭，室内布置已如城市家庭。在这里，村民们正开始同贫穷落后告别。在以上种种变迁中，特别重要的是，乡镇工业的大发展，改变了农村的产业结构，把先进的工业，引入古老的单一农业结构之中，并由此推动了农业的现代化和村镇的全面发展。所以就这个地区来说，乡镇工业的兴起，意味着农村工业化和农业现代化并行发展的前景，也表明了农业与工业、农村与城市之间千百年来形成的重大经济差别正在逐步缩小的趋势。由于乡镇工业的大发展，一个现代化的农村产业结构和新的生产方式和生活方式正在出现。

二、乡镇工业兴起的原因

迅速发展起来的苏南乡镇工业，是下列社会经济条件的产物：

第一，苏南是我国人口最密集的地区之一，人均耕地只有6~7分，家庭承包制的推行，调动了农民的生产积极性，提高了农业的劳动生产率，同时也释放出大量的剩余劳动力。传统的乡村单一农业生产结构与劳动力剩余的矛盾日益突出起来，这一矛盾正是农村第二产业产生的经济基础，一旦人们抛弃了过去的"以粮食为纲"的模式，实行了"决不放弃粮食生产，积极开展多种经营"的正确方针，乡镇工业的萌发和增长就是不可避免的了。

第二，农业联产承包化，固然调动了农民的农业生产积极性，但是由于家庭农场规模狭小，在当前的技术条件下，粮食单产已基本达到饱和点，加之粮价偏低，通过增产粮食增加收入的潜力有限，人们需要通过发展多种经营，特别是需要通过发展经济效益高的工业来增加收入和改善生活。

第三，在党的一系列新的农村政策的推动下，我国农村经济转上了商品经济的轨道，农民家庭和农村的集体单位，真正成了独立的商品生产者。他们的生产经营活动在很大程度上听命于市场机制的客观要求，服从于更有利的投资选择。在从事农业的收入远远低于从事工业的收入的条件下，农村投资涌向盈利高的工业部门，是合乎规律的现象，它也是价值规律的调节作用在农村产业结构变化中的必然表现。将这种现象简单地斥为"弃农经商""不务本业"，或者简单地采取人为措施强行限制，都不是科学的态度。关键在于合理安排、积极引导，使农工相辅相成、共同发展。

苏南农村发展工业还有以下一些有利条件：

第一，苏南地区不仅在历史上文化发达，而且有发展工业的悠久的历史传统，如纺织业在宋代就已萌芽，明清以来更有进一步发展，李鸿章在这里曾设置江南制造局，荣德生的纺织、面粉等工厂都开办于这一地区。

第二，苏南地区接近我国大工业城市上海，苏州、常州等地的国营工业，新中国成立以来，特别是十一届三中全会以来也有很大的发展。有上海、无锡等城市工业为依托，就使乡镇工业发展中所需要的技术设备、资金以及技术力量等问题能够更好地解决。特别是有来自上海等城市的上万名老工人和约5000名工程技术人员的支持和帮助，使农村办工业中遇到的技术难题，一般都能迎刃而解。

第三，苏南地区的交通发达，不仅有铁路运输和长江航运之便，而且运河和水网贯通农村各地，也是这一地区发展商品经济和兴办农村工业的有利条件。应该承认，苏南乡镇工业奇迹般地迅速发展和壮大，是与上述种种有利条件的存在不可分的。

三、乡镇工业的发展体现了企业的活力

苏南乡镇工业开始出现于20世纪50年代，其后20多年几乎停步不前。直至70年代末80年代初才又急速发展起来。这一情况表明，乡镇工业的大发展，是十一届三中全会以来党的新农村政策结出的硕果，是农村经济体制改革的产物。例如国家对新办企业实行的3年免征所得税政策，就对乡镇工业的发展起了重要的作用。而更主要的是农村实行了联产承包制，改革了原有社、队企业的管理体制，调动了乡、村、队（组）、联户和户五个层次办工业的积极性，这是乡镇工业得以依靠自身力量，迅速发展起来的内在动因。

苏南乡镇工业主要是乡、村两级办的集体所有制的企业。它们从体制改革着手，解决了企业活力问题。如它们切实实行了政企分离；对集体生产单位采取了经营承包，落实了内部经济责任制；在工资上拉开了差距，进一步体现了按劳分配、多劳多得；加之国家计划管理体制的某些改革，使企业基本放活，有了进行商品生产与经营的自主权，由此调动了承包经理和企业职工的积极性。企业有了活力和动力，自我改造和自我发展的能力便大为增强了。他们把原来的十分破旧的农机厂，改建为拥有现代设备的新工厂；他们依靠工厂自身的内部积累，采取"母鸡下蛋"方式，办起一个又一个新厂；他们采取各种灵活措施筹集资金，例如依靠集资入股和职工工资延缓支付等方式，以缓解当前流动资金紧缺的困难；他们依靠无锡城市工业力量和毗邻上海的有利条件，与城市工厂和科研机构大搞横向经济联合，引进新技术，充实新设备，改进了企业的技术条件；他们从上海等地聘用兼职工程技术人员和退休老工人，充实企业的技术队伍和提高职工的技术水平；他们十分注意提高企业经营管理水平，根据市场要求的

变化不断调整产品结构，使产品适销对路，大讲"人无我有，人有我优，人优我廉，人廉我转"十六字经；他们依靠45000名供销人员，跑遍全国，为企业采购原材料，推销产品，收集市场信息，催收欠款。这些供销人员在乡村工业发展中起了很重要的作用。人们形容他们是："想尽千方百计，走遍千山万水，说尽千言万语，吃尽千辛万苦，运回千船万担。"的确，有许多企业都是这样迎着困难，白手起家，靠自己的力量发展起来的。

必须指出，苏南的乡镇干部、企业领导和广大职工，在建设乡镇工业中所发扬的那种火热的创业干劲和自力更生精神，同"大跃进"时代的盲目热情和冒进蛮干是根本不同的。现在所发扬的精神，是联产承包化后，农村生产关系得到合理调整的现实基础上产生的，它是我国社会主义经济新体制所释放出来的广大人民群众的自主性和积极性的表现。这说明，我国经济体制改革以增强企业活力为中心环节是完全正确、十分重要的。

四、乡镇工业需要大力调整、充实和巩固

苏南乡镇工业的发展，虽说成效显著，给人启迪，但作为出现不久的新事物，无疑还有许多不完善之处需要进行调整、充实和巩固。个人认为，当前尤其需要注意解决下述问题。

（一）产业结构与产品结构的合理化

乡镇工业，作为社会主义工业体系中的一个必要组成部分，必须与城市大工业互相配合、互相协作，注意发挥自身优势，扬长避短，才能站稳脚跟，获得长期发展的前途，否则就难免在越来越激烈的市

场竞争中处于困境。乡镇工业的兴建，一般多为短期市场需要和眼前利益所诱发，它的产生往往带有较大的盲目性。因而，紧接着它的匆忙的兴建期之后，还必须有一个调整、改造、充实的时期，以着重解决产品适销对路等问题。无锡市乡镇工业的发展也无例外。一些蜂拥而上的工厂（例如近年来一下子便上了几十家汽车装配厂），目前就已遭遇产品销售的困难。而且预计随着国营工业的搞活和潜力的发挥，今后这种困难还将进一步增大。精心调整行业结构与产品结构，看来是关系着乡镇工业巩固和持续发展的一个关键。实践证明，乡镇工业一旦开始兴建，便必须根据农村经济的现状和自身条件，因地制宜，发扬优势，应该注意选择那些国民经济中短缺和对城市大工业起配套作用的产品，而不应该不顾条件，盲目向城市工业看齐，争着上热门，否则就会因此后市场状况变动和竞争的加剧而陷于困境。乡镇工业在调整行业结构与产品结构时，可从发展横向经济联合着手，采取与大工业配套，生产零部件；与大工业企业联合经营；与大工业企业和大专院校科研机构联合开发新产品等办法，使乡镇工业逐步转到对城市大工业起配合和补充作用的轨道上，为其长远发展奠定牢固的基础。

（二）企业竞争能力的提高

乡镇工业是受市场调节的集体所有制商品经济。它只有依靠提高产品的竞争能力，才能在激烈的市场竞争中求生存、谋发展。经过几年努力，这里不少企业的技术装备和产品质量都有很大提高。但也必须看到，更多企业在物资设备、技术人才、经营管理等方面，还处在落后状态，一些产品质量仍过不了关，还缺乏竞争能力。在建立和发展乡镇工业的整个过程中，都必须自始至终，千方百计地致力于竞争能力的提高。

（三）进一步实行政企分开、完善经营承包制，以发展和完善企业所有制

在农村经济改革中，无锡乡镇工业普遍推行了"一包、三改"（实行经营承包制，改干部任免制为聘用制，改工人录用制为合同制，改固定工资制为浮动工资制），这一改革，企业初步成为具有责、权、利结合的经济实体，解决了长期以来乡镇工业中政企不分，政府机构对企业任意平调、摊派和企业吃"大锅饭"等问题。加之集体单位不存在国家指令性计划的干预，企业成了具有自我发展活力和自行增值能力的经济细胞。

苏南乡镇工业目前是由乡政府（通过乡工业公司）加以规划、组织和领导的。企业的盈利40%~50%上交地方财政，其中10%为行政开支，40%为补农基金，40%~50%作为乡扩大再生产基金和文化教育基金。企业盈利的相当部分归乡政府集体使用，这种分配关系体现了企业具有一定程度的乡政府所有制的性质。另外，企业盈利的相当一部分，通过补农基金转归农民所有，这种产品占有和利益分配关系，体现了企业一定程度的乡（或村）农民集体所有制的性质。而总的来说，乡镇工业的集体所有制实际上超出了企业集体所有制的范围，成为乡农民集体所有的大集体所有制。对这种集体所有制的性质与作用应如何认识，是一个尚有争议的问题。笔者的看法是：这种大集体经济，（1）通过以工补农，在当前解决了务农与务工劳动报酬的不合理差距问题（这在很大程度上又是工农产品差价所引起），调动了农民的生产积极性，起着稳定与牢固农业基础的作用。同时使农业劳动力能够转移到工业中来，为工业发展提供劳动力的资源。（2）通过乡政府集体所有形式，发挥一级政府的经济职能，不仅对乡村工业进行规划，而且通过乡财政来进行投资和组织，这是在我国具体条件下，乡村工业的初生和襁褓时期所必要的。如果没有这种乡一级政府的经济职能的发挥，在资金、技术、管理、信息方面都存在很大局限性的农村土壤中，农民集体工业是难以大规模发展的。

但是也必须看到，上述乡大集体所有，把企业集体的产品归全乡大集体占有，不利于企业内部积累的增长和企业财务状况的改善，甚至还会影响企业职工收入的持续增长。总之，从理论上说，这种超越了企业直接生产者集体范围的大集体占有制，存在着一定程度的吃"大锅饭"的性质，是带有平均主义的弊病的，它不利于最充分地调动企业直接生产者群体的积极性。

这种大集体占有与分配的弊端，在国家对乡镇工业开征所得税以后，就在企业财务上突出地表现了出来。例如，这里许多企业不仅流动资金缺乏，而且扩大再生产与实现技术进步的基金严重不足。因此，进一步贯彻政企分离和简政放权，更好地理顺乡政府与企业的分配关系，以增强和巩固企业的经济实体的地位，使它成为真正的企业集体所有制，将是使乡村工业的活力进一步增强的一个重要条件。当然由于这种大集体所有制的改革，直接关系到乡村务工与务农劳动者的收入利益关系的正确处理，也直接关系到乡一级行政发挥其经济职能的方式，因而这是一个十分复杂而需要认真研究和慎重地处理的问题。

（四）正确处理农业发展与工业发展的关系

无锡市在发展乡镇企业的同时，注意到农业的发展，采取了以工补农、以工建农等措施，调动了务农农民的生产积极性，并拿出相当一部分利润用以改造现有农业生产条件，从而在工业迅速增长的同时，使农业也有了一定的发展。但是另一方面，也应该看到，近年来无锡市乡镇工业的迅速发展，毕竟对农业的发展是个"冲击"。在这江南鱼米之乡，某些农副产品的供应却还是较为紧张的，价格也上涨很多，还出现了农村副食品价格比城市贵的现象。同时，无锡工业与农业的增长速度不同步，出现了强烈的反差现象。1985年无锡市乡镇企业增长了65.91%，而农业总产值却反而下降了4.84%。此外，由于乡镇工业发展造成的耕地缩减，农业生态环境受到污染等现象，也给农业生产带来了不良后果。

当然，从地区分工的原则来看，不能要求每一个地方都搞"以粮为纲"，无锡有它的工业优势，可以用更大的人力、财力、物力来发展工业。但无锡亦是江南富庶之地，农业的发展有得天独厚的优势，因此，把无锡农业搞上去，对无锡经济和整个国家的宏观经济来讲也是有积极意义的。

五、乡镇工业需要国家大力扶植

迅速发展的苏南乡镇工业，在当前面临着资金缺乏的问题。银行贷款的困难、流动资金的不足，使企业难以购进原材料，特别是在全国性银根紧缩中，这里收不回的欠款增多，1985年达到13.17亿元，为当年销售额的22%（正常的比率为17%）。乡镇工业面临着销售困难。这不仅仅是由于上项目存在着盲目性，而且直接与1985年下半年以来全国性的经济增长速度放慢有关。到1985年12月底为止，无锡市乡镇企业中亏损企业达872个，亏损金额达2056万元，目前滞销与积压产品约占全部产品的24.1%。在今年3月产值19.1亿元中，销售额为13.5亿元，产销率为70.9%，即还有29%的产品待销。使资金紧缺加剧的另一因素是今年取消了对于乡镇企业的某些优惠政策。按照新的规定，乡镇企业应上交所得税55%，税后利润中按八级累进税上交。上述情况，使一些企业的生产难以为继。

目前，苏南乡镇工业正在根据宏观控制加强、基建规模压缩出现的新情况，进行微观调整。它面临着与之有业务关系的国营企业欠款增加的新困难，而更重大的考验还在于日益开放的市场上的激烈竞争。由于体制改革后集体所有制乡镇企业具有较强的适应性和生命力，因此无须把问题估计得过重。但对于尚处于十分幼弱的社会主义新生事物来说，确实要看到形势的严峻。基于这一点，一方面，要求人们理顺乡镇工业外部和内部的各种关系，进一步增强企业的活力。另一方面，要求各级领导坚决贯彻对乡镇工业实行积极扶持、合理规划、正确引导、加强管理的方针。

从财政税收上加强对乡镇工业的扶持，是一项重要的和必要的措施。无锡市的乡镇工业1985年实现利润8.53亿元，上缴税金4.79亿元，每年用于以工补农达到1亿元。就前洲乡来说，1985年乡镇企业实现利润达5774万元，上缴税金1770万元，对国家已经做出重大贡献。这是一项带来很大经济效益、财政效益与社会效益的事业。基于长远的利益的考虑，国家放宽税收政策，加强扶植，是十分必要的。

大力发展商品经济，
加快民族地区经济发展步伐[①]

一、加快西南民族地区经济发展步伐是当务之急

西南民族地区横跨五省，包括我国广阔的领域，拥有强大的资源优势，是我国畜牧业、林业的基地。这个地区在我国经济中占有重要地位，充分开发这个地区，促使它的经济更快地发展，直接关系到我国"七五"期间整个国民经济的顺利发展。因此，集中力量，认真研究和探讨我国民族地区经济发展战略，就是一件十分迫切、必要和意义重大的事。我不赞成那种单纯重"外"轻"内"的观点，只重视引进外资开发沿海地区，而不认真研究和有效地支援内地经济的开发和发展的观点，这里所讲的内地，也包括民族地区。

西南民族地区拥有巨大潜力，但新中国成立30多年来经济发展十分缓慢，加快这一领域的经济的发展步伐，乃是当务之急。

---

① 原载《财经科学》1987年第1期。

　　"七五"计划期间，我国经济增长采取稳健方针，保持适当的发展，工农业总产值平均每年增长6.7%（其中农业总产值增长4%，工业总产值增长7.5%），基于少数民族地区的实际状况，应争取有更高的发展速度。加快经济的发展首先需要资金。"七五"时期国家投资重点是沿海地区，按照东部、中部、西部地区的划分，西南几省均属于西部地区，不可能有大量国家投资。但是，我认为国家着重发展东部的同时，应该根据具体情况加强西部的发展，要大力发展西南丰富的能源、矿产资源。例如用于开发四川二滩的水力发电的投资，将会取得绝不逊色于沿海地区的持续、长期的经济效益。因此，当前我们应该研究和选择、规划西南民族地区的重点开发项目，争取把国家、省、市的力量合在一起，并积极引进外资，搞一批较大的项目，使这个生产力水平较低的角落，有一批现代化的工业企业作为今后经济进一步发展的骨干和物质基础。

二、西南民族经济发展应立足于自力更生和大力发展商品经济

　　经济的发展应该立足于自力更生，搞好现有的农业、工业、商业并使之发展，特别是要着眼于调动广大农牧民从事商品生产的积极性，大力发展商品经济，乃是民族地区经济振兴的关键。

　　西南民族地区经济的鲜明特点是自给自足。如果说多年来我国农村广大地区主要是保存着封闭式的自然经济的格局，那么，交通闭塞和与世隔绝的西南民族地区的经济，更是这样一种封闭式的自给自足的自然经济。由于生产力水平的极端落后，一些地区的农业、牧业经济，实行的是原始的落后的耕作方式，如放火烧山、刀耕火种、原始

放牧、逐水草而居等。生产方式的原始决定了劳动生产率极其低下，剩余产品微薄，能用来交换的劳动产品就不多，再加上人民公社化时期的平调，农牧民的剩余产品就所剩无几。这种生产方式的目的主要是为自身的消费，人们习惯于分光吃光，不重视积累。因而，它是一种简单再生产型的经济，甚至往往连简单再生产也难以维持。由于土地从来不施肥，使用几年后肥力减退便烧山毁林，以致森林资源遭到严重的破坏，水土流失而不能保持，反过来又加速了土地肥力的减退，这些地区的生产就是在这种恶性循环中进行的。对这样的落后的生产方式，本来应该大力发展商品经济，并在此基础上逐步实行社会主义联合化，但是多年来在所有制问题上，却是追求"一大二公"，不断升级，热衷于穷过渡。1958年搞人民公社化，实行土地公有，集中劳动，统一分配，搞产品社会主义，"大跃进"，提倡"两步当作一步走"，甚至要尽早过渡到共产主义。这些"左"的做法禁堵了农牧民的自主经营和商品交换，他们不能从事商业贩运，集市贸易又遭取缔，这样就更加强化了农村的自给自足的秩序。这种不顾生产力的现有水平，在奴隶制和原始自然经济的基础上，实行高速的合作化和人民公社化，使生产关系超越了生产力水平。过头的人民公社化+平均主义的分配+上级的一平二调，这样就从根本上挫伤了广大农牧民的生产积极性。而且，这种在生产关系上搞"革命飞跃"，"文化大革命"期间又再一次发生，它使群众一再受到折腾，这是民族地区经济发展缓慢的重要原因。

人们曾经提出如下的观点：少数民族私有观点薄弱，因而可能超越历史上的商品经济形态，直接进入产品社会主义和共产主义。但是实践证明，由原始公社的或奴隶制、农奴制的自然经济，直接跳入社会主义产品经济，是行不通的，是违背生产关系一定要适合生产力发

展的规律的。正确的做法应该是：由原始的、奴隶制的、农奴制的自
然经济进入商品经济，由多种所有制并存的商品经济，逐步转化为以
公有制为基础的社会主义商品经济。

三、发展以家庭经营为主的商品经济

农村实行联产承包，即土地集体所有、家庭经营，在此基础上
大力发展商品经济。这一经济体制和经营方式，开拓了农村社会主义
建设顺利发展的新阶段。基于少数民族地区的具体条件，发展商品经
济，而且以家庭经营为基础来发展商品经济，乃是一个不可逾越的历
史阶段。如上所述，对于少数民族地区，不能再搞过去那种由自给自
足经济跳跃到产品分配和产品调拨的社会主义；当然也不能由自给自
足经济过渡到以私有制为基础的简单商品经济，再进入资本主义商品
经济，再进入社会主义的商品经济。我们认为，民族地区应该发展以
社会主义公有制为主导的、多样所有制并存的商品经济，这种商品经
济是以千百万农牧民所从事的家庭经营为基础。

目前，我国广大农村一部分专业户、重点户，开始被推进市场，
他们的命运与商品生产、商品经营连在一起。他们适应市场状况而搞
种植和养殖业，或搞其他副业和工业。他们的收入逐年增多，开始富
裕起来。但在那些经济不发达和交通闭塞的地区，农民只是种几亩
地，养十来只鸡、一两头猪，经营门路少，很大程度上仍然是自给自
足的经济，他们经济收入不多，仍然不能免于贫穷。至于少数民族地
区，商品性家庭经营的农牧民稀少，大多数农牧民仍然停留在千百年
来传统的自给自足的经济之中。这种情况的产生，既有生产关系的原
因，也是外部的市场条件、交通条件、农牧民的思想观念等因素所造

成的。

为了促使民族地区经济自力更生的发展和农牧民收入的逐步提高，首先必须把农牧民的自给自足的经营转入商品经营的轨道，由此实现经济的商品化。为此，我们应该深入研究民族地区农村自给自足经济稳固性难以打破的原因，采取相应的对策。要把大力推进经济的商品化作为头等重要的任务来抓，如果不解决这一任务，民族地区经济就活不起来，农民也富不起来，这个地区的社会主义经济建设和文化建设也就无法起步。

四、从市场建设着手，实行以市场为导向的发展战略

人类经济发展史表明，由自给自足经济向商品经济的转化，必须从商品交换、从市场着手。因为，首先要有市场的发展，才能把原来的自给自足的农业和其他工业生产单位，吸引到商品交换中来，使它们逐步地缩小自给自足性的生产和相应地扩大商品性生产，最终转化为完全的商品生产单位。外部的市场越是发展，越能加强市场对自给自足单位的渗透和分解，就越能加速它们向商品经济的转化。我们看到，近代资本主义经济的发展，是先有商品资本的发展，然后才有商业资本向产业资本的转化，最后才有资本主义大工业的产生和发展。可以说，向商品经济的转化，要以市场、商业的发展为先导。商业先行，这可以说是一个客观规律。资本主义的产生和生产的发展的历史证明了这一点。美洲的发现、绕过非洲的航行，这些地理大发现给新兴资产阶级开辟了新的市场，以致从前那种封建的或行会的工业经营方式不能满足新的市场的出现而增加的需求，于是工场手工业代替了陈旧的经营方式。但是，市场还在扩大，需求总是在增加，最后连工

场手工业也不再能满足需要，于是产生了产业革命，机器大工业最终代替了工场手工业。资本主义产生的历史是如此。我国沿海地区之所以较内陆地区商品经济更发达，也是在于那里交通方便，有国内和国际贸易的发展的推动作用。在社会主义经济建设中，我们也看到发挥市场先行，市场带动生产带来的显著成效。这里我们要提到的是温州模式。

温州模式是在发展个体经济（一定程度上是私人经济）和家庭工业的基础上，依靠市场的力量，充分发挥市场的个体商业的作用来推动经济的发展。温州市场的特点是市场多，市场专业化的程度高，市场上的产品种类齐全，市场建立快，市场接纳的顾客来源广。温州地区共有各种交易市场418个，平均150万人就有一个市场；它有120个专业市场，其中闻名全国的有10个专业市场，如纽扣市场就有1300个品种，它接纳的顾客遍及全国，它有10万采购人员满天飞。温州地区依靠市场带动了几十万农村家庭工业，使一个经济落后的丘陵地区的经济迅速发展起来。1985年它的家庭工业产值达到11亿元，占全市工业总产值的61%，而人民的生活水平也得到迅速的提高，目前这个地区一些村镇农民的富裕程度已经超过宁波和无锡。正是由于温州模式的启示，我对于四川经济的振兴，提出了用流通促生产的想法。对于民族经济地区，基于它的更为严重的自然经济的特点，我认为当前首要的任务是发展商业，发展商品流通，疏通市场，用它来对自然经济进行渗透、分化，促使自然经济加速解体和向商品经济的转化。因此，当前我们在发展民族地区经济的时候，应该把发展商品流通和搞活资金流通作为突破口，充分发挥流通促生产的反作用，以带动这些地区经济的发展。

民族地区在发展商业中要搞多渠道和多种形式，要国营、集体、个体经营多种形式一齐上，不能搞国营商业独家经营。由于民族地区交通不便，居住分散，发展商业应以大力发展供销合作社商业为主，并鼓励个人经商贩运。为此要大力进行流通体制的改革和建设，要增加商业网点，发展乡镇集市贸易。另一方面，要大力发展交通运输，特别是公路运输，使商品交换获得必要的物质基础。当前，民族地区商品交换的最大障碍是交通不便，农牧民即使手中有土特产，但由于运输不便，销售困难，只得自己消费，或者任其自生自灭，不去采集和挖掘，如树上的水果无人采摘、漆树无人割、药材无人挖掘，等等。一方面是国营、合作社商业收购不到所需的土特产，以供应工业和广大居民的消费；而另一方面却是天然的财宝不能转化为商品和货币，以增加这些地区的农牧民的收入。这种情况应该得到改变。

五、大力培育商品经济意识，是民族地区发展商品经济的重要精神条件

由于经济自给自足，少数民族严重缺乏商品观念、价值观念、市场观念。迄今许多农牧民以讲价还钱为羞耻，仍然崇奉"粮满仓""肉满缸"，不懂得和不善于商品经营。自然经济的观念，已经成为人们革新传统的生产方式、发展商品经济的绊脚石。因此，采取多种措施，特别是通过大力发展文化教育和在干部与群众中进行普及有关社会主义商品经济的理论的学习与宣传，使人们思想意识上来一个大变革，这对于少数民族地区是十分必要的。

东西部经济关系亟须调整①

经济发展的区域性差别是客观的存在。但是，在社会主义经济中，可以通过政府有效的宏观调控，有计划地配置生产力，充分发挥各地区的优势与潜力，实现地区间经济的协调发展。我国西部经济有着巨大的潜力和现实生产力，是我国经济发展的巨大力量。当前东西部经济差距过度扩大，抑制了西部业已起势的工业化势头，不仅使西部优势难以发挥，而且引起"反弹效应"，造成地区间尖锐的经济矛盾与摩擦。解决途径是实行东西部协调发展的"双向战略"。

一、地区经济协调发展是宏观调节的一项经常性任务

在搞好生产力合理布局、充分发挥各地区优势的基础上，实现各地区经济的协调发展，使那些在产业配置上各具特色、各有侧重的地区经济互相配合、互相促进，以我之长，补彼之短，这是社会主义国家经济获得顺利发展的前提条件。

---

① 原载《重庆商学院学报》1989年第1期。

　　我国是一个幅员广阔的大国。不仅土地辽阔，而且不同地区之间生产力的发展极不平衡，东部沿海地区、黄淮平原地区、中部洞庭湖地区、大西北、大西南腹地等众多地区，其经济是各具特色，显示出鲜明的差别。正确协调这些多样的地区经济，把它们组成全国一盘棋的有机格局并使之有序地运行，不仅关系着我国经济的稳定增长，而且关系到社会的安定和民族的团结。1978年以来，我国在实行对外开放，建立4个经济特区、14个经济对外开放区以后，随着沿海地区外向型经济的发展，东部地区和西部地区之间原本就存在的经济发展的差距进一步扩大。当然，任何一个国家和地区，经济发展的区域性差别总是存在的，特别是那些经济不发达的国家、地区之间差别更大。这种差别主要是由自然地理的条件、原有工业物质基础的强弱、商品经济发展的程度、劳动者的文化科学水平和经营者的管理水平等因素所形成的，因而先进与落后地区的差别是一个客观的存在。但是，在社会主义经济中，通过政府有效的宏观调控，可以实现有计划地配置生产力，充分发挥各地区的优势与潜力，逐步缩小地区经济差别。在我国社会主义有计划的商品经济的发展中，地区之间将保持一种你追我赶的竞争势态，地区之间的差别也将长期存在，但不会悬殊。这样的地区差别以其优势互补的作用，将有效地促进国民经济全局生产力的发展。因而，对商品经济发展中产生的地区差别进行调控，保证东西部经济协调发展，应该成为我国国家宏观调节的一项经常性的任务。

二、正确估量西部地区经济的作用

　　正确调节和协调东西部经济关系，首先要对各地区经济的现状与作用有一个全面的估量。在当前，特别是要对西部地区经济有一个正确的估量。要树立全面的、动态的观点，既看到西部地区的劣势，又看到它的优势和潜力；既看到它当前的状况，又看到它的发展前景。

我国东西部地区经济关系有一个历史的发展过程。"一五"时期，基于当时的国际环境，在社会主义工业化中，国家着眼于发展西部地区，苏联援助的156项工程的建设，使相当先进的工业生产能力引入西南和西北。1964年开始的三线建设，国家实行投资重心向西部倾斜，进一步将大量资金投入西部地区，特别是用于发展军工生产。投入大西南的资金近千亿元，就四川来说，投入资金355亿元。尽管当时的三线建设投资带有某些盲目性，一是在军工与民用上，过于突出军工；二是厂址选择不当，在"山、散、洞"的原则下，把尖端工业放在深山老林，造成极大的浪费；三是各个环节和工序不配套的问题比较突出。但是，应该说，三线建设把现代化工业生产能力引进具有自然资源、农业、劳动力等优势的西部和西南腹地，符合我国生产力合理布局的要求，它不仅对于推动西南、西北地区的经济开发起了巨大的作用，而且，对于改变我国工业生产力的布局，协调沿海与内地的关系，推动西南乃至整个国家经济的发展，起着重大的积极作用。因而可以说，三线建设是我国社会主义建设的一次卓有成效的"西进运动"。

十年改革，西部地区经济获得迅速发展，工业生产能力进一步增强，而且某些方面的发展已经走在全国前面，大大超越某些沿海省份。以四川经济发展为例，在那里，全省已形成了门类比较齐全的有相当规模的工业体系，全省全民所有制独立核算工业企业的固定资产原值由1978年的260亿元增加至1987年的513亿元。钢铁、建材、化工、机械、电子、食品等工业在全国也占有一定的地位。重庆、成都已经发展成为年产值100亿元以上的大工业城市。在四川，驰名全国的嘉陵摩托的生产能力占全国的10%；航天工业更是一枝独秀，商用卫星已在世界领先；军工的科研机构与科研能力也居于全国前列。四川经济业已走过了最为艰难的工业化奠基期，进入了产业结构合理化与经济效益提高时期。这一后续阶段的任务是：解决内在的结构失衡——农业与工业之间的发展失衡；能源、交通的发展薄弱；工业内部加工生产与初级产品生产的失衡，并在产业结构合理化的基础上，进行技术革新，加强经营管理，提高经济效益。这一产业结构的调整，将把现有工业化基础中蕴含的十分强大的生产能力释放出来，使经济增长获得一个加速度和持续稳定的发展。

例如，就四川来说，（1）制约四川经济的能源短缺问题一旦获得解决，将使现有工业生产能力的年产值获得较大幅度的增加。1988年，全省电力缺口达70亿度，如果电力能够保证供给，则每年至少可增加工业产值150亿元。（2）在四川工业生产能力中占有重要地位和拥有群体优势的军工产业，如能实现军转民，实行军民兼容、以民为主，将会进一步充分发挥其潜在的经济优势，每年可能获得100亿元以上的产值增量（目前还不到30亿元）。（3）制约四川经济发展的交通落后状况如能获得改善，每年进出川的500万吨物资积压问题得到解决，那么，产值将有可能进一步增长。（4）这里还没有谈到四川拥有优势的投资类机械行业和电子行业的发展，这些产业部门不仅拥有出口创汇能力，而且其产品附加值都是很高的，它在中国未来的经济起飞所必要的出口替代升级中将会派上用场，并将在出口创汇中起着为劳动密集型产品出口所不可比拟的作用。（5）四川拥有巨大的农业资源优势与劳动力资源优势，农产品加工业如轻工、纺织、丝绸、食品，其发展潜力是十分巨大的。

总之，由于四川地区经济有着雄厚的农业优势、原料优势、能源优势和军工优势。现实生产力不弱，待发挥的、被桎梏着的生产潜力很大。这个地区的经济已走出艰难的工业化奠基阶段，使其顺理成章地向结构调整与优化阶段推移，将带来很大的国民经济效益。延误它的发展，对我国全局不利。在规划20世纪90年代全国经济发展和安排基本产业的布局时，如果不重视发掘与利用四川以及整个西部的现实生产力，却在沿海地区另起炉灶，不仅目前是多费而少益的，从长远的国民经济效益看，更将是不合算的。

三、当前东西部经济运行中的矛盾与摩擦

随着改革、开放、搞活方针的提出和旧体制向新体制的转换，拥有进入国际市场的地理便利的我国沿海地区，商品经济获得迅速发展，市场化使乡镇企业在这里异军突起，出现了"苏南模式"和"温州模式"。在实行对外开放的新形势下，政府克服多年来对沿海地区扶持不足的政策偏向，对经济特区和沿海14个地区实行政策与投资的倾斜。特别是近年来，随着沿海地区发展战略的执行，我国东部地区经济获得了新的发展势头。首先是深圳的一马当先，高速建成，以后有广东珠江三角洲的崛起，福建、山东、大连等地紧紧追上，而上海在1988年春也开始奋起直追，加快了发展。地区经济的迅速发展，显示了改革开放政策的威力，它表明我国东南"阳光地带"的生产力开始得到释放。

但是，我国经济发展中的不均衡总是要鲜明地表现出来。在东部经济戏剧性的高速或超高速发展——例如广东工业产值1987年和1988年均以25%的超高速增长时，西部地区的经济发展却出现了相对落后的现象。1985年与1982年相比，西部9个省工农业总产值增长42.7%，沿海地区（辽宁、河北、天津、山东、上海、浙江、福建、广东）8个省工农业总产值增长54.88%；西部地区工农业总产值由1982年占全

国的14.69%，下降到1985年的12.75%，沿海地区则从1982年占全国的50.01%上升到1985年的55%。"六五"期间，人均工农业总产值，东部地区为1611元，西部地区为718元，东部地区比西部地区高1.2倍；农民人均收入，东部地区为463元，西部地区为322元，东部比西部高出141元；未解决温饱的人口，东部不足12%，西部个别地区甚至达65.8%。"六五"期间，东西部在发展中差距大约扩大了一倍，"七五"期间有可能再扩大一倍。

就四川来说，社会总产值1987年为1385亿元，为全国第5位，预计1990年将为辽宁所超过而居第6位，农业总产值也将为河南所超过。根据预测，1990年四川的26项产品中，有12项将降位，其中油料、水果、发电将由第7位降为第8位，水泥由第4位降为第6位，小型拖拉机由第11位降为第15位，罐头由第3位降为第9位。1990年全国粮食人均占有量较1985年可增加24公斤，四川预计增长2.2公斤。棉花、油料在四川的人均增长量也将小于全国，只有肉类将由1988年人均32公斤增长为1990年的39公斤，增长幅度大于全国。经济增长的滞后还表现在人均总产值上。1987年，四川人均总产值为877元，较之全国的1418元相差541元。预计1990年四川人均总产值可达1120元，而全国的人均总产值可达1897元，相差777元。农民人均收入，1987年四川为369元，较之全国的463元相差94元，预计1990年四川农民人均收入可达500元，而全国将达到675元，相差175元。

可见，近年来尽管四川经济也是在向前发展之中，但是与东部地区经济发展相对照，出现了发展速度滞后，经济地位下移，收入水平下滑的势态。这不是四川一省的状况，而是西部地区经济的共同状况。这种趋势不仅是近期的，它甚至可能在20世纪90年代持续下去。这种势态表明了东西部地区差别的扩大化。

在发展有计划的商品经济中，地区经济发展的不平衡和差距是不可避免的。在经济发展过程中，各地区经济增长将展示出此起彼伏的波浪式发展的格局。但是我们所要讨论的东西部地区经济发展的不平衡与差距，则具有下列特点：（1）这种差距，不是在一种完全正常的地区互助与互补中产生的，而是在带有抑西扶东的不健康经济机制中产生，体现了地区之间竞争中的不平等地位；（2）这种差距，不仅迅疾扩大，而且差别过大，引起地区间的矛盾和摩擦增大。

需要指出的是，东部地区经济的迅速增长，不仅仅是由于它：（1）拥有沿海的地理之利，即处于国内与国际经济的接合部，拥有国际资源——市场、资金和技术——之便利；（2）拥有原先的工商大城市储积起来的经济潜力，如善经营，劳动者素质高、科技人才多等；（3）更重要的是它们获得了种种政策倾斜的优惠；（4）东部地区，借国家计划调拨而低价使用西部的原料和农产品（例如四川生猪外调每年1000万头，菜油2亿~3亿斤，等于调出粮食60亿斤），由此享有了西部经济创造的一部分产值。而且，在享有过多的政策优惠条件下，东部地区越来越把西部作为原料的供应场所，不仅用于出口创汇，而且经过加工增值后，又在西部市场销售，从而通过流通渠道从西部经济中获得利益。

如果说，上述（1）（2）是东部自身优势，（3）是国家在一个时期的必要，那么（4），即对西部地区初级产品过多的低价占用，把西部经济抑制在低价原料供应者地位和高价加工品的购进者地位，这就不符合商品经济中的等价原则与平等竞争的行为规则。人们可以看见，就当前来说，东部一些地区经济的发展，并不是完全依靠"两头在外，大进大出"，即依靠国际经济资源的利用去获得经济效益，却是借助于它们享有的政策优惠，从西部大规模地采购，甚至抢购物资，并由此得到垄断利润。近年来的蚕茧大战、生丝大战、羊毛大战等层出不穷、越演越烈，就是一个明证。

可见，在近年来我国经济发展中，东西部关系客观上出现了不利于西部而有利于东部的状况，表现出相当鲜明的抑西促东的人为因素与政策作用。这种发展的结果是二重的：既促进了东部经济的发展，也导致了东西部经济与收入差距过分扩大的消极作用。这种消极作用，除了表现为区域间贫富差别的扩大外，更主要的是它抑制了西部地区业已起势的工业化势头，不利于西部生产能力的发挥和潜力的发掘，不利于发挥东西互补、互促的作用。

我国近年来地区经济发展中互相克制、彼此削弱的不协调现象，是令人注目的。人们可以看到，沿海地区"两头在内"的加工制造业盲目发展并未得到抑制，这种工业的超高速增长，既挤占了内地工业原料，造成内地工厂开工不足甚至停产，加大了内地经济的困难。另一方面，压抑作用总是引起反弹效应，内地省区为了保护自身利益，为了不使自己所需要的原料流失，为了不使业已出现紧张的粮食、猪肉等农副产品被套购走，也相应采取了种种限制市场流通的保护措施，从而使市场割裂化。为了弥补出售低价和低值农产品和其他工业初级产品的损失，它们也盲目上加工厂，进一步造成原料、电力的不足和交通的紧张。上述反弹效应又使沿海地区的发展面临困境。这种来自西部的进行封锁的反弹效应，有可能使广东等沿海省份从1987年、1988年以来的超高速降下来，也就是说，东西部经济发展中的矛盾与摩擦及其反弹效应，正在使尚未充分转上"大进大出"轨道的沿海地区经济产生内在的不稳定与"危机"。我国地区经济之间的抑制作用与反弹效应，表明了地区间的经济矛盾与摩擦，它是造成我国当前经济困难的一项重要因素。

四、实行双向战略，协调东西部经济

我国经济生活中的矛盾表明：我们应该充分重视西部经济的作用，加强西部的发展，促使东西部经济的协调化，发挥东西互补。在大力实行沿海地区发展战略的同时，要不放松对西部经济的开发和予以扶持。这可称为"双向战略"。

加强西部经济的发展，在当前国际形势下尤其显得十分重要。

第一，20世纪90年代的国际形势的鲜明特征是：世界各地区局部战争正在相继获得和平解决，美苏、中苏的会谈，进一步改变战后长期的大国对抗之局，打开了世界和平的前景，世界形势进一步趋向缓和，发展和经济竞争越来越成为世界的主要趋势。上述形势，给我们以实行对外开放，发展对外贸易，引进资金，引进技术以新的机遇。对外开放将有可能范围更大，程度更深，由向沿海地区开放，逐步发展到沿江（长江）开放，由东部开放发展到东西两极开放，或者是由南方开放发展到南北开放。实行全面开放的可能性正在出现。

国际形势的新变化，使西部地区有了进入国际市场的可能，拥有引进国外资金、技术设备用于发展内地经济，特别是发展西部民族经济的条件。也就是说，历史上西北方向的"丝绸之路"，南方的滇缅、藏印、藏尼的贸易道路，开始有了现实的意义，尽管现在这个道路还未架通，还未成为一个具有现实经济意义的通道，为此还需要创造各种条件。但是，西部地区已经面临着新的国际条件，人们应该抛弃西部等同于封闭性，是与世界隔绝之区的陈旧观念，谋求和规划与这一新形势相适应的新发展，充分地利用这一新机遇。

第二，在世界进入20世纪90年代的新的国际条件下，竞争日益激烈。在新的技术革命迅速发展的形势下，各国都致力于发展高技术产业部门，进行产业升级，支持西太地区的一些国家经济发展的劳动密集型产业的优势已经在逐步消失之中，中国台湾、香港的厂家正在谋求将这些产业转移到内地的广东、福建和泰国。发展我国的国民经济，应该站到21世纪的世界经济的高度，高瞻远瞩，做好对付这一新挑战的对策。我们应该有一个长远的东部地区的发展战略。要看到并及时抓住这些地区面临的引进外资、大办三资小企业的机遇，通过大力执行沿海地区发展战略，使这些地区的经济上一个台阶。但是要看到劳动密集型企业会遇到的困难与局限性，要着眼于在这块全国经济、技术领先的地区，培育和发展新兴高科技产业，以迎接21世纪的挑战。因而，我们需要有一个能充分发挥各地区优势，使之互补的总体的经济发展战略，以适应世界形势的需要。基于中国生产力更好发展的需要，东部地区或者其他大城市应该向高、精、尖发展，实行高技术产业为主的结构，东部在总体上应带有"高层次"特色和性质。基于西部地区的有利条件和不利条件，考虑到总的经济发展水平较低，以及文化教育水平低等制约因素，西部地区一般可以大力发展精加工与现代化农牧业，但是也应该充分运用现有大工业能力，大力发展具有效益的深加工和某些西部有优势的高科技项目，如航天、电子、光学制造等产品。因而，西部并非全部都是低产业结构，能充分发掘西部地区的优势的产业结构，是高中低层次并举的。这样，我国产业地区层次结构，不是完全倾斜型，而是倾斜型与波纹型的结合。这样的一个生产力的合理布局和优化的产业地区层次结构的形成，意味着地区间有了合理生产分工，有了一个能保障各个地区的经济利益的合理的总体利益格局。这样的产品结构、产业结构的地区配置方式，将大大加快和提高我国的出口总产品的综合竞争能力，因而，它意味着各地区经济的协调发展。当然，地区间经济发展速度的快慢，收入水平的高低，仍将是客观存在着的，但是贫困区与富裕区的差距将不是越来越大，收入悬殊化的发展趋势将得到控制。

五、产业地区结构合理化与经济协作化

以上所述的东西部经济关系的协调和地区产业结构的调整是不可能在市场的自发作用下形成的，而必须大力加强政府的宏观调控功能。具体地说，当前政府的调控有以下三个方面的任务：

第一，调整东西部地区的产业结构。当前，我们有必要基于发挥东西部地区产业的互补、发挥东西部地区的经济互促的原则，对东西部地区的产业结构进行调整。东部以发展高科技、高产值的新兴产业部门为目标，而将一部分深加工转移到西部。而西部地区没有条件发展的某些部门和行业，不要勉强去上；东部地区从长期来看没有优势的部门和行业，不要舍不得割爱。这样，地区产业的发展实现对号入座，避免目前的很大的盲目性与重复建设。另外，在产业有计划调整与让位中，实现西部产业结构升级和东部共同升级并行发展，将是一个可取的国民经济总体发展战略。这将大大有利于东部和西部经济的发展，也符合国家总体生产力的提高和在世界市场上竞争力量的增强。

第二，大力发展地区产业之间的联合化和地区经济之间的协作。产业的地区间合理配置是以地区间的经济协作发展为前提。为此，应该大力发展东西部地区企业之间的横向经济联合，组织跨省区、地区的各种形式的企业集团，把形成发达的统一的商品、资金、技术、劳动市场作为目标。不能搞经济上省内自成体系和政治上的联邦制。但是基于我国地域辽阔，各地区经济条件差别很大的特点，也基于我国统一的大市场发育具有阶段性的规律，我国可以在西部某些地区实行较为紧密的具

有半经济实体性的经济协作区与开发区，例如成立大西南、大西北开发区，有计划地利用国家财政资金，更有计划地利用能源、原材料，实行自由的区内贸易和发展更为顺利的区内的企业横向联合。

第三，加强国家对西部经济的扶持。为了推动当前东西部经济的协调发展，加强国家对西部地区的扶持是有必要的。但是这并不是说要采取过去对西部省份（少数民族地区）的输血式的财政投入的方式，而是要改变优惠政策与投资的地区倾斜为产业倾斜，要把那些适宜配置于西部的产业放归西部。对于能源、交通等基础产业还应加强国家的投入，特别是在东部地区商品经济今后越加发达和越加转向国际化的发展轨道后，那里将首先形成资金的自我筹集和供给机制，而国家为了协调东西部经济发展，更有必要把投资重点放在市场发展滞后的西部。

对重新认识资本主义
的几点看法①

一

为了在经济体制改革中，进一步大胆探索，开拓前进，我们有必要重新认识社会主义和重新认识资本主义。

重新认识资本主义的必要性，在于资本主义是商品经济的高度发达形式。当今世界发达资本主义国家，经过长达几百年的发展，业已形成了一整套能激励和推动商品经济发展和有效地调整经济运行的较为完备的机制。这些机制既体现了商品经济机制的资本主义特色，又体现了商品经济的机制一般。社会主义经济是以公有制为基础的商品经济，为了在我国构建起社会主义商品经济新体制，显然，我们不仅要借鉴与汲取社会主义国家成功的经验，也应该借鉴和汲取发达资本主义国家在发展商品经济中的经验。例如，资本主义经济中的微观组

---

① 原载《群言》1989年第3期。

织——企业——具有高度自我发展、自我增值和自我抑制的功能，它是市场调节机制能充分发挥作用的微观基础。资本主义通过行政管理制度、法制以及思想伦理规范的完善，形成了能把企业行为约束于公平竞争范围之内的社会机制和适应商品经济顺利运行的相对稳定的经济秩序，特别是近50年来，在发达的资本主义国家，经过摸索而逐渐形成的宏观管理方法，还是相当有效的。它起着缓和有效需求不足与生产能力过剩的矛盾的作用，使周期性危机发生变形，甚至赋予经济发展以一定的计划性，等等。显然，我们在进行治理经济环境、整顿经济秩序和深化改革时，更深入地研究和更好地借鉴资本主义国家的有价值的经验，对我们将是十分有益的，包括吸取教训和避免重犯错误。重新认识资本主义，也是为了自觉地采取措施，以防止和减少商品经济发展中可能产生的消极的东西。

重新认识资本主义的现实意义，不仅仅在于进行经济体制的比较与借鉴，而且是为了自觉地汲取现代化的积极成果。迄至今日的历史发展的现实是资本主义把现代化发展到了高度水平。当然，资本主义现代化乃是现代化的一种历史形式，它既体现了作为现代化一般的劳动方式、生活方式、交往方式、思维方式和习惯等，也体现了上述各个方面的资本主义形式。例如，追求奢侈享乐的生活消费，个人利己主义的意识形态，物欲至上与缺乏理想，家庭危机，人性异化，等等。我们正在进行社会主义现代化建设，为了实现这一宏伟目标，我们一方面要借鉴和汲取资本主义现代化的积极成果，另一方面要防止和避免资本主义现代化的弊病，这种对资本主义现代化的一分为二，也就是当前重新认识资本主义的重要内容。

二

对资本主义的再认识，是发展马克思主义科学的需要。科学认识的任务是发现真理，即形成符合客观实际的理论知识。我国一贯坚持马克思主义，坚持对群众的政治思想教育。我们过去对资本主义的认识有成绩，但还不全面，还存在许多片面的观点，对资本主义的运行机制了解不够，对当代资本主义的新发展、新情况知之不多，特别是人们对"资本主义"的定义中，还存在一些不属于资本主义的附加物。这种认识上的局限性表现在以下一些方面：（1）单纯着眼于对资本主义剥削本质的认识，不重视对资本主义商品经济运行机制的研究，更很少进行抽取商品经济一般和发达的商品经济一般的理论研究，甚至错误地把属于商品经济一般的价值规律、市场机制和竞争等，等同于资本主义而加以摒弃。（2）只看见资本主义生产关系对生产力的破坏性，忽视了资本主义生产关系对生产力尚未耗竭的适应性，不了解也不承认当代资本主义国家所采取的种种调节措施，一定程度上增强了上述适应性。（3）只着眼于阐述资本主义个人利己主义的消极性，未曾注意和估计到资本主义对物质利益机制的普遍利用的意义和作用。（4）只看到资本主义商品经济的自发性和盲目性，未看见当代国家垄断资本主义的可调节性和一定范围内的计划性。（5）轻易地判定资本主义新危机的爆发，而不是如实地研究当代资本主义的矛盾缓解机制和周期的变形。（6）把一定历史条件下某些资本主义国家政治经济矛盾的尖锐化，简单地视为世界资本主义危机和宣布世界资本主义的灭亡，而不是如实地研究与阐述当代发达的资本主义的形成要素、细致地分析战后资本主义长时期的稳定增长和重新获得生命力的原因。（7）与以上认识相关的是对当代西方经济学的认识，这就是把西方经济学的庸俗理论基础和对发达商品经济的运行与调节机制的正确阐述混为一谈，统统地加以摒弃，而不是批判地加以吸取。以上所举出的一些方面表明我们对资本主义的认识带有片面性、陈旧性，一些观点早已不符合当代资本主义的实际。

三

资本主义从来不是一成不变的，对资本主义的再认识，应该着眼于研究和认识当代资本主义，特别是在第二次世界大战以来的新变化。

（一）所有制具体形式的变化

当代资本主义所有制结构与所有制具体形式上都有了新的变化：（1）早期的资本家个人所有制转化为联合所有制即联合资本。联合所有制具有很大的资本凝聚力和灵活性，它能迅速地形成各种规模大小不同的资本，从而能适应不同产业、不同规模经济的对资金的需求；股份制形式下的联合资本，把经营权归之于经理，而所有者丧失了对生产资料的实际占有权，这是当代资本主义企业的科学管理与经营的重要前提，是企业展示出巨大生命力的根本条件；联合资本把职工的小额收入转化为资产，这意味着生产资料占有的一定的分散化，尽管它不改变资本家所有制，但可以视为资本主义范围内的所有制关系的微调，对缓和资本主义的内在矛盾起了一定的作用。（2）联合所有制、资本家个人所有制、政府所有制、个体所有制、合作社所有制、跨国联合所有制并存，所有制是多元化的。资本主义国家把所有制的多元化，作为搞活经济、扩大就业、促进增长的手段。

（二）分配形式的新变化

当代发达资本主义国家的分配形式有新的变化，发生了相当一部分工人和低收入阶层的中产化。19世纪与20世纪初，还十分典型的两极分化的趋势和工人阶级广大阶层的绝对贫困化现象受到抑阻。工人阶级实际收入有所提高，生活有所改善的原因在于：（1）分配领域的国家调节作用。在实行福利国家政策下，国家将集中的财政收入的一部分，在各种社会福利开支下，作为职工的补充收入。（2）新技术革命的发展，劳动生产率大幅度的提高和消费品的丰裕，使社会广大阶层不同程度上享有了现代文明的成果。（3）工人阶级的组织性的加强和斗争。

（三）阶级与阶级关系的新变化

资本主义早期发展阶段的生产关系与分配关系，决定了阶级结构的简单化，整个社会分裂为两大对立的阶级：资产阶级和无产阶级。而当代发达的资本主义由于分配关系的变化，社会物质技术基础导致体力劳动的脑力化，科学技术的日益进步和生产管理的现代化，使科技人员和管理人员日趋重要，智力劳动者队伍日益扩大，这一切决定了中间阶级或阶层的日益发展，他们成为职工中的重要部分，早期的资产阶级与无产阶级泾渭分明的阶级界线因此日益模糊。中产阶级出于自身的利益，决定了他们倾向于维持现存秩序，主张渐进的改良，而不赞成激烈的行动。因而，中产化的发展，不能不对争取社会进步的阶级斗争的方式发生影响。

（四）调节机制的新变化

19世纪自由放任的资本主义，是由市场机制自发地调节的，当代发达的资本主义，采取了国家利用市场机制引导微观活动。国家的宏观调控对资本主义再生产进程发生着积极的影响，它赋予充满盲目性的市场经济以某些"计划"要素，延缓了危机的爆发，在一段时期形成相对稳定的增长。因此，国家—市场—企业这一调节机制，成为现代发达商品经济运行的最重要的动因。

（五）资本的国际联合形式

作为当代资本主义的显著现象是资本国际化，即资本超越国界流动，形成国际范围的资本联合，其典型的形态是第二次世界大战后的跨国公司。资本国际化进一步促进了国际分工与生产要素在世界范围内的优化组合。资本的国际化，就经济不发达国家来说，一方面意味着遭受发达国家的剥削，但另一方面对主权国又意味着借助于引进外国资金和技术来促进本国经济的发展。我国在贯彻对外开放中，认真研究两次大战后资本的国际联合的新现象，将有助于我们正确地贯彻执行"一国两制"，寻求扩大我们与中国港、澳、台地区以及东南亚各国的经济交往，探索形成以中国为主体的经济联合的途径。

总之，对资本主义的再认识必须从实际出发，解放思想，敢于打破陈旧的观念，大胆阐述新理论，同时又要坚持全面性，避免片面性，特别要避免走向夸大与美化资本主义。科学理论，不仅能说明世界，而且能扎扎实实地形成用以改造世界的主观力量。更深入地认识当代资本主义，人们就能更清楚地看到资本主义这一人类历史上的最后一个私有制形态，是如何在矛盾中发展，在挣扎中前进，在局部调整中暂时复苏，但是毕竟基本制度没有变，基本矛盾没有变，资本主义向社会主义转变的历史规律没有变，因而，加深对资本主义的认识，就不仅仅是改革的借鉴所必要，而且也是在对外开放的环境中有效地进行思想教育所必要的。

为什么要对资本主义
进行再认识①

为了在经济体制改革中进一步大胆探索，开拓并进，我们有必要对社会主义和资本主义进行再认识。本文就对资本主义进行再认识的重要性及意义，谈谈自己的看法。

一

对资本主义进行再认识的必要性在于：

（一）探索与构建社会主义有计划商品经济新体制的需要

资本主义是以私有制为基础的商品经济的高度发达形式。当今世界发达资本主义国家，经过长达几百年的经济发展和经济调整，业已形成了一整套较为完备的、能有效地激励和调整商品经济运行的机

---

① 原载《湖北社会科学》1989年第4期。

制。这些机制从属于资本增值，从而体现了商品经济机制的资本主义特色，但是又体现了商品经济一般。社会主义经济是以公有制为基础的商品经济。为了在我国构建起社会主义商品经济新体制，我们不仅要借鉴与汲取社会主义国家经济政策成功的经验，也应该借鉴与汲取发达的资本主义国家推行商品化和调控商品经济中所积累的经验。例如，资本主义经济中的微观组织——企业——具有高度自我发展、自我增值和自我抑制的功能，它是市场调节机制能充分发挥作用的微观基础；资本主义通过必要的行政管理制度、法制以及思想伦理规范的完善，形成了能够把企业行为约束于公平竞争范围之内的社会机制，建立起适应于商品经济顺利运行的相对稳定的经济秩序。特别是近50年来，在发达的资本主义国家，逐渐形成了一套较为有效的宏观管理方法。资本主义国家借助于这些方法来调整经济，缓和了有效需求不足与生产能力过剩的矛盾，使周期性危机变形，甚至使长期以来盲目发展的商品经济有了一定的计划性。显而易见，这对我们探索如何创建一个完备的社会主义有计划的商品经济新体制，特别是在当前进行治理经济环境，整顿与建立经济新秩序和深化改革时，更深入地研究和更好地借鉴资本主义国家组织和运用商品经济的有价值的经验，将是十分有益的。借鉴包括汲取积极的东西和避免消极的东西。商品经济是一种以自身利益驱动、自行运动、自我发展，从而具有自然性的经济。这种经济在运行中包孕着内在的矛盾，它对人们的行为和人们的心理、意识，也并非完全起着健康的影响。因此，重新认识资本主义，通过对商品经济固有弊病的深刻的认识，将有助于我们自觉地采取措施，以防止和减少商品经济发展中可能产生的种种消极的东西。

（二）探索社会主义现代化道路的需要

对资本主义进行再认识的现实意义，不仅仅在于汲取商品经济的一般规律，而且是为了自觉地汲取现代化的积极成果。迄至今日的历史发展的现实是：资本主义把现代化发展到了高峰，形成了高度的现代物质文明。当然，资本主义现代化乃是现代化的一种历史形式，它体现了作为现代化的一般形式，即现代劳动方式，现代生活方式，现代交往方式，现代思维方式和习惯，等等。要看到，现代的劳动与生活方式，现代人的行为、思维形式，体现了时代的进步，人们非但不能将它作为"资本主义的生活方式"而加以摒弃，而且应该在实现与发展社会主义现代化时，积极地加以汲取。但是也必须看到，西方的现代化，毕竟是资本主义现代化，它也就必然体现人类的生产、生活、行为、思维等方面的资本主义形式和特色。例如，对劳动实行饥饿强制的生产方式，追求奢侈享乐的生活消费，个人利己主义的意识形态，以及物欲至上、缺乏理想、生活放荡、家庭危机、人性异化，等等。显然，这是在现代私有制发展中表现出来的人类生活、行为、意识的病态化。为了实现社会主义现代化这一宏伟目标，我们一方面要借鉴和汲取资本主义现代化的积极成果，另一方面要自觉地防止和避免资本主义现代化的弊病。这种对资本主义现代化的一分为二，也就是当前对资本主义进行再认识的重要内容。

二

对资本主义的再认识，是在当代坚持和发展马克思主义科学的迫切需要。马克思和恩格斯在对19世纪西欧资本主义进行理论分析的基础上，创立了马克思主义政治经济学、科学社会主义和辩证唯物主义与历史唯物主义，即古典的马克思主义。马克思用毕生的精力写成的不朽巨著《资本论》，深刻地剖析了资本主义经济结构的本质特征和经济规律，即使在今天，它也是我们认识资本主义必备的教科书。但是，今天我们认识资本主义，不能停留在前人的认识程度和水平上。这是因为：（1）马克思主义经典作家的著作，着眼于分析资本主义生产关系的本质特征和基本矛盾，着眼于揭示资本主义生产关系对生产力的桎梏，以及资本主义的历史过渡性。尽管分析了资本主义经济的运行机制，但尚不详尽。上述情况是他们所处的时代和他们所面临的任务决定的。（2）马克思恩格斯分析的是19世纪的资本主义，列宁分析的是20世纪初的资本主义。他们都不曾也不可能分析20世纪中叶以来的当代资本主义。我们不能把资本主义当作是一成不变的。当代资本主义不仅由于经历了新的技术革命，在生产力上有飞跃性的惊人的发展，而且它在深重的矛盾中进行了某些自我调整，从而在生产关系、经济组织、调控组织等方面有了巨大的变化。我们面前存在的发达资本主义，既不是旧中国的半殖民地半封建社会的、带有超经济强制的、饥饿加皮鞭的"包身工"的资本主义，也不是19世纪迄至20世纪初的、以大众普遍贫困化为特征的西方资本主义，而是实行高工资、高税收、高福利的国家调节的资本主义。在资本主义发展到20世纪80年代末和即将进入90年代并迈入21世纪的今天，在两次世界大战后世界资本主义经济有了巨大发展和发达资本主义经济呈现出许多令人瞩目的新变化的情况下，理所当然地，我们应该有理论认识的大发展。这就是要正确地对待马克思主义创始人的著作，把他们的理论作为方法论，用来研究和再认识当代资本主义的新情况，得出新结论，在理论发展和创新中把马克思主义推向前进。

三

应该承认，由于研究方法中的教条主义，也由于长期实行闭关锁国，我们对资本主义的新发展、新情况研究不多，知之甚少。一些人往往拘守书本上的结论，在客观情况早已变化的条件下，仍然以资本主义的过去来衡量资本主义的今天。在政治经济学领域中，主观认识落后于前进了和变化着的时代，是十分显著和不容忽视的。这种对资本主义认识上的局限性，可以举出以下数端：

第一，单纯着眼于对资本主义剥削本质的认识，不重视对当代资本主义高度发达的商品经济运行机制的研究，更很少进行从中抽取商品经济和发达的商品经济一般的理论研究，甚至错误地把属于商品经济一般的价值规律、市场机制和竞争等，等同于资本主义而加以摒弃。

第二，只看见资本主义生产关系对生产力的破坏性，忽视了资本主义生产关系对生产力的尚未耗竭的适应性，看不见资本主义所具有的某种自我调整功能。事实上，当代资本主义国家正是通过各种经济调节措施，实行自我调整，取得了在一定程度上增进资本主义生产关系对生产力的适应性的效果。

第三，只着眼于揭露资本主义经济所依赖的利己心的消极性，未曾注意和估计到资本主义经济机制对物质利益普遍利用的意义和作用。

第四，只看到资本主义商品经济的自发性和盲目性，未看见当代资本主义的可调节性和一定范围内的计划性。

第五，轻易地判定资本主义新危机的爆发，而不是如实地研究当代资本主义的矛盾缓解机制和周期的变形。

第六，把一定历史条件下某些资本主义国家政治经济矛盾的尖锐化，简单地视为世界资本主义危机，并宣布世界资本主义的灭亡，而不是如实地研究与阐述当代发达的资本主义的形成要素，细微地分析战后资本主义长时期的稳定增长和重新获得强劲的生命力的原因。

第七，与以上认识相关的是对当代西方经济学的认识，这就是简单地把西方经济学的庸俗理论基础和对发达商品经济的运行机制与调节机制的精细阐述混为一谈，统统地加以摒弃，而不是批判地加以吸取，服务于社会主义商品经济理论的研究。

以上所举出的一些方面表明，我们对资本主义的不少流行观念带有很大的片面性，一些观点早已不符合当代资本主义的实际。

四

上述对资本主义的片面认识，来源于对社会主义取代资本主义的革命变革的错误理解，认为社会主义是资本主义的简单否定，旧事物的全盘的消亡，新事物从空地上成长。

社会主义是资本主义基本矛盾深化的产物，是对资本主义的否定。不仅要否定资本主义私有制，而且要否定资本主义的政治上层建筑和资本主义的意识形态。向社会主义的过渡是人类历史发展中的一次大飞跃，革命的范围广，改造的程度深，乃是这一历史性过渡的特点之一。

但是，社会主义脱胎于资本主义，它不能不与母体有着内在的联系。不仅在生产力发展中存在直接的内在联系，而且在经济组织、结构，在文化教育制度、生活方式、习惯和意识形态领域，也存在某种内在联系。在这些广泛领域中，人们不仅仅排斥旧事物，而且还改造旧事物，从中汲取营养，以充实和丰富自身的机体。此外，社会主义是在与资本主义共处之中，并且越来越将在和平竞赛中进行建设和发展。社会主义的对外开放，使处在两大体系中的国家在经济上、文化上、生活方式与意识形态上密切联系，互相影响。就社会主义国家来说，不仅仅要受到来自资本主义国家的良性影响，例如现代的劳动方式与健康文明的生活方式的引进等，也要受到资本主义的不良影响，即资产阶级腐朽的生活方式与意识形态的侵袭。因而，社会主义的健康机体总是在积极吸取来自西方国家的积极要素和大力抵制外来的不良影响中发展的。

可见，社会主义的取代资本主义，是辩证法的否定，即扬弃（Aufheben）。这一对旧事物的否定中包含有某些肯定，不过是在旧事物要素被改造的条件下的肯定。社会主义是全部人类文明的批判地继承与进一步发展，对历史上的积极成果的最深入发掘和最充分地继承，乃是这一历史性过渡的另一特点。而对历史上的积极成果发掘越深，批判继承得越充分，社会主义将因汲取的丰富营养的滋养而发育得更加丰满。

在当代世界社会主义建设中，出现过片面强调对旧事物进行"彻底破除""破字当头"的"左"的思潮，忽视了对蓄积于资本主义和前资本主义文明中的人类遗产的发掘继承。我国在"文化大革命"中，在"宁要社会主义的草，不要资本主义的苗"的极"左"口号下，不仅商品经济自负盈亏、集市贸易被说成是资本主义，而且按劳分配也被划入资本主义范畴。大学教育中教师的主导作用也被当作资本主义传统加以破除。讲究衣着、发式更是典型的资产阶级生活方式。而个人自由、个性发展、人格尊严、个人积极性、人道主义更统统是资本主义的恶德。在社会主义建设过程中，在破除资本主义口号下出现的这种否定一切、打倒一切的"虚无主义"思潮，不仅给我们带来生产力的大破坏，而且也严重削弱和破坏我国社会长期因袭下来的积极的文化传统。其可悲的后果是：不仅社会主义之新未能"立"起来，而且中华民族历史发展中积累起来的积极要素却真正被"破"除殆尽。应该看到，我国当前社会生活中许许多多消极现象，都与这种"灭资兴无"有关。

我国经济体制改革的深化和社会主义的伟大中兴，要求我们深刻地总结新中国成立以来的经验教训。在目前还要深入总结在"消灭资本主义"名义下的"大破大立"的教训，以解放思想，大胆深化改革。为此，我们需要从辩证法的"扬弃"论出发，正确区分人类历史上的两类遗产：积极遗产与消极遗产；正确区分什么是资本主义社会关系，什么是社会关系一般与社会一般；正确区分什么是社会主义初级阶段应该保存和可以容许的资本主义事物，什么是应该给以排拒和消灭的资本主义事物。我们要通过对资本主义的再认识，在分清精华与糟粕、积极要素与消极要素的基础上，大胆地批判继承、广泛借鉴和充分吸取。这样，我国社会主义的包容性将得到扩充，中国社会主义将因拥有广泛的和多样的内在要素的互相激荡，而充满勃勃生机。

论邓小平关于改革、
开放、搞活的经济思想①

邓小平社会主义经济思想，包括极其丰富的内容，改革、开放、
搞活是邓小平社会主义经济思想的重要内容。本文就邓小平同志的上
述思想谈一点学习的体会。

一、社会主义的根本任务是发展生产力

邓小平关于改革、开放、搞活的思想，是立足于社会主义的根
本任务是发展生产力这一马克思主义命题之上。小平同志对社会主义
经济理论的卓越贡献是：他结合我国的实际，针对长期流行的错误思
潮，对这一原理作了透彻的阐述。根据马克思主义的科学社会主义理
论，社会主义是人类社会发展的高级形态，社会主义社会的优越性，
不仅表现在生产资料公有、分配的公正，而且在于它能极大地发展生

---

① 原载《经济学家》1991年第4期。

产力，创造出超出资本主义的劳动生产率，从而大大提高全体社会成员生活水平。如果说马克思和恩格斯只是对上述原理作了一般的阐述，那么，列宁则是基于俄国这样的资本主义中等发展国家的实际，进一步阐述了发展生产力对于建成社会主义的重要性与迫切性。

对于上述马克思主义的原理，应该说是不难理解的。特别是我国是在原先的生产力落后的半殖民地半封建社会的基础上进行社会主义革命和社会主义建设的。基于在经济发展落后的我国建设社会主义中面临的困难和矛盾，对于社会主义要大力发展生产力这一命题，应该说更容易加以理解。但历史实践表明，在很长时期内，对这一科学社会主义的基本原理人们并未能弄清。

我国在所有制的社会主义革命取得基本胜利后，在"左"的思潮支配下，实行"以阶级斗争为纲"，搞不断的生产关系的"革命"，在所有制上把"一大二公"作为目标，在分配关系上实行平均主义，"大锅饭"。这实际上是实行"一样穷的社会主义"，并把"一样穷"作为社会主义的优越性。这种关于"穷"社会主义的理论与思潮，使我们不能在1956年及时地实行工作重点转移，真正开始一场以发展生产力为主要目标的新长征。理论的错误导向，以及"左"的经济工作方针，极大地束缚了人民的积极性，给我国社会主义建设带来了消极的后果，延误了20年宝贵的建设时间。

小平同志以其犀利的目光，很早就阐述了社会主义时期发展生产力的重要性。在十一届三中全会以后，小平同志针对和抓住我国先进社会主义制度已建立起来而生产力却十分落后的现实的矛盾，许多次和从各个角度上，透彻地阐明了发展生产力在建设社会主义中的至关重要的作用。他把生产力水平明确地作为社会主义优越性的一个重要方面，"社会主义的优越性就是体现在它的生产力要比资本主义发展得更高一些、更快一些"①。他指出了"贫穷不是社会主义"这一鲜明的命题，指出："要进一步建设对资本主义具有优越性的社会主义，首先必须建设能够摆脱贫困的社会主义。现在虽说我们也在搞社会主义，但事实上不够格。只有到了下世纪中叶，达到了中等发达国家的水平，才能说真的搞了社会主义，才能理直气壮地说社会主义优于资本主义。"②

小平同志在1984年指出的"贫穷不是社会主义，社会主义要消灭贫穷"的命题和论断，具有鲜明的针对性和重大时代意义。这是由于：（1）中国和当代世界多数社会主义国家，由于种种原因，特别是由于一段时期忽视了体制的改革和完善，因而生产力发展还不够快，人民生活水平还不高，亿万人民的物质文化需要的最大限度的满足和薄弱的物质基础的矛盾，表现得十分鲜明。（2）当代世界资本主义尽管已经进入暮年期，但是资本主义并未停止发展，也在实现经济的增长，甚至获得迅速发展，这一切对世界社会主义不能不形成挑战。（3）社会主义与资本主义两个世界体系的矛盾和斗争从来都十分尖锐，严峻的形势更加要求社会主义国家大力发展生产力，迅速巩固物质基础和加强综合国力。这一切都决定了社会主义国家发展生产力任务的迫切性。可以说，生产力的发展，决定着社会主义的兴衰成败。结合我国与当代的实际，我们就可以进一步领会小平同志的上述思想的重要意义。

另外，小平同志关于社会主义的根本任务是发展生产力的阐述，有着十分丰富的内容，包括怎样认识社会主义优越性，怎样才能充分

---

① 《建设有中国特色的社会主义》，人民出版社，1984年，第36页。
② 《邓小平同志重要谈话（1987年2月—7月）》，人民出版社，1987年，第23页。

发挥社会主义优越性，怎样把握社会主义建设的主要矛盾，怎样进行中国社会主义现代化建设及其战略步骤等。小平同志在这些方面的新鲜阐述，进一步丰富了马克思主义的科学社会主义理论。

二、实行改革、开放，建设有中国特色的社会主义

无产阶级领导的革命取得胜利，确立了社会主义制度之后，要使生产力获得顺利地发展，必须坚持改革、开放，这是邓小平经济思想的一项中心内容。

第一，小平同志是我国改革开放的总设计师。他站在时代的高度，总结我国与世界社会主义的经验教训，深刻指出了社会主义传统模式的一系列重大缺陷，例如经济体制管得过死，企业缺乏活力，关起门来搞建设，政治体制的党和国家领导制度、干部制度的权力过分集中等。他指出，在我国"旧的那一套经过几十年的实践证明是不成功的"[1] "不开放不改革没有出路，国家现代化建设没有希望"[2] "甚至于要涉及到亡党亡国的问题"[3]，从而把改革的紧迫性，讲得再清楚不过了。

第二，他以伟大无产阶级革命家的魄力和广阔的眼界，着眼于创造一个能最好地适应生产力发展的社会主义新体制，阐明了改革不是零碎的小改、小革，而是全面的改革，是深入而广泛的体制革新。他说，"改革是全面的改革，包括经济体制改革、政治体制改革和相应

---

[1] 《邓小平同志重要谈话（1987年2月—7月）》，人民出版社，1987年，第33页。

[2] 《邓小平同志重要谈话（1987年2月—7月）》，人民出版社，1987年，第16页。

[3] 《邓小平文选（1975—1982）》，人民出版社，1983年，第352页。

的其他各个领域的改革"①，改革"是一场革命""不是对人的革命，而是对体制的革命"②。

第三，小平同志深入地阐明了改革是具体体制的变革，而不是要改变社会主义制度。改革"总的目的就是要有利于巩固社会主义制度，有利于巩固党的领导，有利于在党的领导下和社会主义制度下发展生产力"③。这样就深刻地阐明了改革是"社会主义制度的完善"，是社会主义的改革。

小平同志不仅指出了改革的必要性，而且深入地阐述了中国进行改革、开放的基本途径，这就是"走建设具有中国特色的社会主义的道路"。

坚持实事求是是邓小平思想的鲜明特征。实事求是就是要从中国实际出发，研究中国国情，找出中国经济发展的客观规律和按照客观规律办事；就是要把马克思主义和中国实际相结合。这就要求人们解放思想，开动脑筋，不唯书，不抄袭他国模式，而是要"走自己的道路"。小平同志指出："我们要根据社会主义国家自己的实践、自己的情况来决定改革的内容，实行改革的步骤。而每一个社会主义国家的改革又都是不同的，东欧各国的改革也都不是一样的。历史不同、经验不同、现在所处的情况不同，所以各国的改革也不可能一样。"④小平同志在党的十二次全国代表大会开幕词中说："把马克思主义的普遍真理同我国具体实际结合起来，走自己的道路，建设有中国特色的社会主义。"这一思想成为我国改革、开放的思想指南。作为中国社会主义改革的总设

---

① 《邓小平同志重要谈话（1987年2月—7月）》，人民出版社，1987年，第34页。

② 《邓小平文选（1975—1982）》，人民出版社，1983年，第352页。

③ 《邓小平同志重要谈话（1987年2月—7月）》，人民出版社，1987年，第38页。

④ 《邓小平同志重要谈话（1987年2月—7月）》，人民出版社，1987年，第38页。

计师，小平同志深入总结了我国社会主义建设的实际经验和世界社会主义建设的实际经验，特别是及时总结我国改革开放过程中创出的新经验，并进行了一系列新的理论阐述和重大创新。

小平同志关于社会主义改革、开放，建设具有中国特色的社会主义的思想，是十分丰富的。其主要的思想和核心内容，体现在党的十三届七中全会关于有中国特色的社会主义的十二条概括之中。当然，这十二条也包括我党在中华人民共和国成立以来行之有效的经验和一贯的做法，体现了马克思列宁主义毛泽东思想，它更主要的是概括了党的十一届三中全会，以及党的十二大、十三大制定的新方针政策和以江泽民同志为核心的党的第三代领导集体针对新的条件采取的方针措施，可以说它集中体现了邓小平关于建设有中国特色的社会主义的新思想，体现了马克思主义毛泽东思想的进一步发展。

三、完善社会主义生产关系，增强经济活力

社会主义国家，实行改革、开放，其着眼点和主旨，在于"增强经济活力"，也可以说，在于完善社会主义生产关系，使其更加适合于生产力的性质。

小平同志针对我国传统的经济体制集中过多、管得过死、缺乏活力的弊端，提出了"增强活力"的概念[①]，并把增强活力作为改革的目的，提出了一条改革、开放、搞活的路线。他说，改革就"把经济搞活"，"对内搞活"[②]。社会主义建设是立足于全体人民群众发挥高度

[①]　《邓小平同志重要谈话（1987年2月—7月）》，人民出版社，1987年，第39页。

[②]　《邓小平同志重要谈话（1987年2月—7月）》，人民出版社，1987年，第39页。

积极性与创造性之上，增强活力，也就是充分调动亿万人民建设社会主义的积极性。小平同志指出，"把经济搞活，发挥地方、企业、职工的积极性"①。小平同志指出进行政治体制改革，也是为了增强活力，提高效率，"充分调动人民和各行业以及基层的积极性"②。

小平同志还尖锐地指出了传统体制存在的缺乏活力的弊端，它使我国经济"很长时间处于停滞的状态"③。因此，"增强活力"，调动各方面积极性的思想，像一根红线，贯穿在他倡导的我国体制改革的重大措施之中。

（一）搞活经济的农村改革

小平同志是我国农村改革的支持者和倡导者，早在20世纪60年代初的国民经济调整中，小平同志就支持当时农村农民自发的"三自一包"的改革创新，以促使农村经济的恢复和搞活。党的十一届三中全会以后，小平同志积极支持四川、安徽农村实行的大包干改革。当时，一些人基于社会主义的传统观念，怀疑和抵制这一改革，甚至认为是背离了社会主义方向。小平同志对于这一在坚持土地等基本生产资料公有制基础上实行家庭联产承包的改革，予以高度的评价，指出：农村改革"给农民自主权，给基层自主权，这样一下子就把农民的积极性调动起来了，把基层的积极性调动起来了"④。农村改革迅速地带来粮食和多种经营的大幅度增长，商品经济的发展，乡镇企业的异军突起，新型乡镇企业的出现。小平同志将引起这一农村的新发展

---

① 《邓小平文选（1975—1982）》，人民出版社，1983年，第322页。
② 《邓小平同志重要谈话（1987年2月—7月）》，人民出版社，1987年，第39页。
③ 《邓小平同志重要谈话（1987年2月—7月）》，人民出版社，1987年，第21页。
④ 《邓小平同志重要谈话（1987年2月—7月）》，人民出版社，1987年，第34页。

和新变化的原因，归结为"中央制定的搞活政策"①。

（二）搞活经济的所有制改革

经济的活力，根本的在于所有制的适合。传统的所有制结构，在"左"的思想下，超越了生产力。十一届三中全会以后，在所有制上进行了调整，不搞"纯之又纯""一大二公"，而是在坚持公有制为主体条件下，发展个体、私营等经济形式，实行多种成分并存。在以公有制为主体前提下把所有制范围拓宽，以适应我国多层次生产力的状况，这乃是小平同志提出的"有中国特色的社会主义"概念的重要内容与应有之义，体现了小平同志搞活经济的思想。

（三）搞活国营经济的企业改革

小平同志鉴于传统体制过度集中，国家对企业管得过死，因而大力支持国营企业扩大自主权的改革，并且提倡国营企业实行租赁制、承包制、股份制等形式的试验，探索能有效地把国营企业搞活的企业组织形式和管理体制。他在经济的具体模式和经济发展具体路子问题上，总是强调"摆脱一切老的和新的框框的束缚"②，唯一从实际出发。但是在企业改革问题上，小平同志既强调增强企业活力，又强调要防止经济活动的"盲目性"，也就是要在搞活的同时能管住。小平同志把在商品经济中国家进行有效的调控，作为经济搞活的一个重要前提条件。

搞活企业的改革，无疑是要着眼于调动企业职工积极性，但是

---

① 《邓小平同志重要谈话（1987年2月—7月）》，人民出版社，1987年，第35页。
② 《邓小平文选（1975—1982）》，人民出版社，1983年，第315页。

小平同志又提出，"要防止只顾本位利益、个人利益而损害国家利益"①，强调在公有制基础上正确处理各种利益关系，"把国家利益、企业利益、职工利益比较好地结合起来，调动各个方面的积极性"②。小平同志的企业改革的思想，体现了坚持公有制、完善社会主义制度以增强活力的马克思主义精神。也就是说，一方面要改掉传统公有制体制中企业被管死、缺乏活力的弊端，但是另一方面要坚持以公有制为基础，坚持企业改革的社会主义方向。

（四）搞活经济的分配改革

实行以按劳分配为主体，允许多种分配形式并存，允许一部分人依靠诚实劳动先富起来，从分配体制上来搞活经济，是我国改革的重要内容。小平同志首次提出允许一部分人先富起来的重要命题。这一命题的含义，既包括坚持按劳分配，同时又包括允许其他分配形式的存在，不仅仅承认个体经营收入，而且允许合法的私营经济收入。允许多样性的分配形式，旨在调动人们发展各种经济形式的积极性以搞活经济。但是，小平同志在分配体制改革问题上，从来就把承认一部分人先富起来和提倡富帮穷、富带穷结合起来。小平同志一贯强调，中国特色的社会主义是以公有制为基础走共同富裕的道路。既要承认差别，允许先富，彻底打破平均主义的大锅饭，但是又反对收入悬殊，贫富两极分化，特别要反对"私有化"。他指出："中国根据自己的经验，不可能走资本主义道路。道理很简单，中国十亿人口，现在还处于落后状态，如果走资本主义道路，可能在某些局部地区少数

---

① 《邓小平文选（1975—1982）》，人民出版社，1983年，第322页。
② 《邓小平文选（1975—1982）》，人民出版社，1983年，第321页。

人更快地富起来，形成一个新的资产阶级，产生一批百万富翁，但顶多也不会达到人口的百分之一，而大量的人仍然摆脱不了贫穷，甚至连温饱问题都不可能解决，还会发生严重的就业问题。"①可见，小平同志阐述了一条坚持共同富裕但又把分配搞活的道路，这种承认差别而又不搞两极分化的分配，是在公有制基础上搞活经济的必要的内容。

（五）实行计划与市场相结合

小平同志基于传统计划经济体制存在单纯依靠指令性计划，排斥市场作用，从而经济运行带有僵化性质和缺乏活力的缺陷，强调大力发展商品经济和有效地运用市场调节作用，并把发展商品经济和运用市场调节，作为搞活经济的关键。小平同志在分析阐述问题时，从来是坚持唯物辩证法的方法论，全面分析矛盾，提倡按照处在矛盾中的事物既相对立又相统一的规律办事。在计划与市场问题上，小平同志多次阐明了要实行计划与市场相结合，一方面用计划把"宏观"管住，另一方面引进市场，把"微观"放活。按照小平同志的阐述，计划与市场这两种机制，都是商品经济中的调节机制，资本主义也可以实行一定的计划调节，社会主义的商品经济也可以有效地运用市场调节。因而，不能把市场调节视为资本主义的，而拒绝加以利用。按照小平同志的思想，社会主义经济当然应发挥计划的作用，使经济运行有比例和无危机，但是，也应该有充分的活力。因而这一新的经济体制应该妥善处理好管住与放活的关系，为此应该坚持计划与市场的结合，按照各个时期的具体条件寻找实现二者结合的具体形式。例如在

---

① 《邓小平同志重要谈话（1987年2月—7月）》，人民出版社，1987年，第5页。

经济出现严重不均衡的治理整顿时期，直接的计划可以多一些，而在经济正常发展的时期，市场调节的作用就要扩大，更有效地加以利用。

计划与市场问题，无疑是社会主义经济体制改革中最难处理的课题，也是创建社会主义有计划商品经济新体制的最关键的问题。一些社会主义国家，按照西方经济中的自由市场经济的思想进行改革，削弱了计划，带来了经济的失控，效果不好。一些国家不能摆脱传统教条主义理论的完全计划经济的思想影响，在很长时期拒绝对市场机制的引进和运用，改革迈不开脚步，经济搞不活。而小平同志关于把计划与市场恰当相结合的思想，充分重视社会主义经济的商品性，强调经济运行搞活，同时又重视经济运行有序，这一思想闪耀着辩证法的光芒，是我国建设社会主义商品经济新体制的指针。

（六）坚持自力更生，实行对外开放

在坚持独立自主、自力更生前提下，实行对外开放，是小平同志社会主义经济思想的重要组成部分。对外开放是增强社会主义经济活力的必要条件和重要途径。建设社会主义，存在着两种思想：一种是闭关自守，脱离世界经济，孤立地进行国内的经济建设；另一思想就是在加强与世界经济的联系中进行社会主义建设。小平同志站得高，看得远，他基于当代世界经济国际化的高度发展，阐述和倡导实行不是孤立于世界而是加强和世界经济联系的、开放的社会主义建设。他指出，社会主义国家只有实行对外开放，破除闭关自守，充分而有效地利用国外资金、技术与国外市场、国外智力，为我所用，来增强经济活力，促进科学技术与管理的进步，改变经济、技术落后的状态。小平同志指出，我们总结了历史经验，中国长期处于停滞和落后的状

态的一个重要因素是闭关自守，"经验证明，关起门来搞建设是不可能成功的，中国的发展离不开世界"①"鉴于过去的教训，我们必须改变闭关自守的状态"②。

小平同志基于在发展与世界经济的广泛联系中建设社会主义的思想，提出要进行最广泛的、全面的对外开放，不仅仅对社会主义国家实行开放，对发展中第三世界的国家实行开放，也要对一切发达的资本主义国家实行开放。全面对外开放的思想，体现了最充分地发展对外经济联系，最有效地利用国际经济资源，为我所用，来促进我国社会主义现代化建设事业。

他还指出，"对内搞活经济，对外经济开放，不是短期的政策，是个长期的政策，最少五十年、七十年不变。……即使是变，也只能变得更加开放"③。

搞经济特区，是对外开放的重要形式，小平同志十分重视搞好经济特区建设，充分发挥特区的"窗口"作用，培养人才的作用，发展特区经济对特区周围地区经济的促进作用。我国对外开放，除了搞好经济特区，还要实行沿海开放城市和对外开放地区以及内地经济开放区，同时，在内陆各地实行中外合资经营。不仅在沿海地区开放，也在一切国境边界实行开放，是全方位的开放。小平同志针对一些同志对于对外开放有消极作用的担心，透辟地阐明了对外开放。他认为，即使是会在我国经济中引进一些资本主义的因素和带来一定的资产阶级的思想影响，但是关键在于应该权衡利弊得失，特别是要从生产力发展的角度来权衡利弊得失。"基本的东西归国家所有，归公有。国

---

① 《建设有中国特色的社会主义》（增订本），人民出版社，1987年，第67~69页。

② 《邓小平同志重要谈话（1987年2月—7月）》，人民出版社，1987年，第22页。

③ 《建设有中国特色的社会主义》（增订本），人民出版社，1987年，第68页。

家富强了，人民的物质、文化生活水平提高了，而且不断增长，这有什么坏处？在本世纪最后的16年，无论怎样开放，公有制经济始终还是占主体。同外国人合资经营，也有一半是社会主义的。合资经营的实际收益，大半是我们拿过来。不要怕，得益处的大头是国家，是人民，不会是资本主义。"①小平同志这些分析，是从搞活整体经济，促进我国生产力的发展和国家的现代化的角度，把对外开放的重大意义，讲得再透辟莫过了。

小平同志总是从中国社会生产力的发展，中国社会主义经济整体实力的增强的角度来分析、论述实行改革、开放的必要性和紧迫性。他认为一些利弊兼有的经济形式，只要是利多弊少，只要是能有利于富国强民，就应该坚决地加以利用。他还经常指出，"我们的开放政策肯定是要继续下去，现在是开放得不够。我们的开放、改革是很不容易的事情，胆子要大，要坚决"②。从小平同志上述关于对外开放的阐述中，体现出小平同志在改革、开放、搞活上的广阔的眼界和彻底改变原先封闭体制的决心和勇气。

小平同志从来主张把对外开放，置于坚持独立自主、自力更生的前提下。小平同志提倡大胆地对外开放，有效地引进国外资金、技术和科学管理。但是他从来强调实行对外开放，要以坚持独立自主、自力更生，依靠自身力量建设社会主义为前提。小平同志清楚地估计到开放将会给我国意识形态、社会生活，以及经济生活带来一定消极影响，他经常提醒人们，对外开放绝不是要引进资本主义及其丑恶的事物。他说："我们要有计划、有选择地引进资本主义国家的先进技术

---

① 《建设有中国特色的社会主义》（增订本），人民出版社，1987年，第60~61页。
② 《建设有中国特色的社会主义》（增订本），人民出版社，1987年，第60~61页。

和其他对我们有益的东西，但是我们决不学习和引进资本主义制度，决不学习和引进各种丑恶颓废的东西。"①因而，如果不懂得必须是在有利于社会主义经济发展，活力的增强，社会主义制度的巩固的前提下和范围内来进行开放，就可以说不懂得邓小平对外开放思想的精义。总之，小平同志的坚持自力更生，同时对外开放的思想，体现了坚持四项基本原则和坚持改革、开放的统一，这样，也就为人们规划了一条坚持社会主义方向的对外开放的正确道路。

从以上几方面论述中，我们可以看出，小平同志提出和论述的关于社会主义经济体制改革的丰富思想，贯穿着通过体制革新搞活经济这一主要思想脉络。为了搞活，要求人们对集中过度、管得过死的传统体制进行改革，而且要实行深入、全面的改革。可见，改革就是搞活的固有之义和必然要求。搞活的目的是为了调动中央、地方、企业、个人四方面积极性，使生产力不受阻碍顺利地发展。可见，搞活也就是意味着使生产关系适合于生产力的性质。搞活是通过体制——生产关系的具体形式——改革来增强社会主义经济的活力，而不是要削弱和改变社会主义制度。整个搞活过程，就是社会主义改革的深化过程，是社会主义制度的进一步完善的过程。可见，坚持社会主义方向就是搞活的固有之义和必然要求。小平同志的搞活经济思想，体现了坚持马克思主义与发展马克思主义的统一，而深入研究小平同志搞活经济思想的精义，对于进一步开展学术领域中马克思社会主义经济思想的研究，将起重要的推动作用。同时，也具有重大现实意义，它将有助于人们加强和进一步掌握建设有中国特色的社会主义理论，以指导正在中国大地深入开展的社会主义经济体制改革。

---

① 《邓小平文选（1975—1982）》，人民出版社，1983年，第154页。

四、坚持四项基本原则和坚持改革、开放相结合

坚持四项基本原则和坚持改革、开放相结合，这是小平同志的社会主义改革思想的重要内容。

小平同志从我国社会主义建设时期的主要矛盾出发，紧紧地把握住发展生产力这一中心，但是他从来是坚持用马克思主义的阶级斗争的基本原理，来对我国社会主义建设新时期复杂的多种矛盾进行实事求是的分析。新时期的状况是：剥削阶级作为阶级已经消灭，但是剥削阶级的残余还存在；在思想意识形态中资产阶级思想影响还将长期存在；在改革、开放条件下，资产阶级从内部滋生和外部输入将有更多余地；国外反社会主义势力的和平演变和渗透还将长期存在；等等。小平同志基于以上情况提醒人们，要看到阶级斗争并未消灭，还将在一定领域中存在。

基于社会主义社会阶级消灭了，但阶级斗争还在一定范围内存在的论断，小平同志提出了必须坚持四项基本原则，并将它作为中国"实现四个现代化的根本前提"[①]。这是对马克思主义的建设社会主义学说的巨大贡献。提出坚持四项基本原则，不是要否认以经济建设为中心，而恰恰是为"四化"规定正确的方向，从而更好地进行"四化"建设。小平同志论述了中国的现代化建设，是社会主义现代化，坚持四项基本原则，也就是坚持社会主义现代化。"有些人脑子里的四化同我们脑子里的四化不同。我们脑子里的四化是社会主义的四化，他们只讲四化，不讲社会主义。这就忘记了事物的本质，也就离

---

① 《邓小平文选（1975—1982）》，人民出版社，1983年，第150页。

开了中国的发展道路。"①

提出坚持四项基本原则，不是要否认改革、开放的重要性，更不是要限制改革、开放。恰恰相反，坚持四项基本原则，明确以马克思主义思想为指导，人们就能在坚持公有制和共同富裕前提下，进行更有效的改革、开放的探索，这样，并不限制改革、开放，在正确方向指引下，恰恰可以使改革更加深入，步子迈得更大。

我国近年来，实行以公有制为主体的多种所有制，发展商品经济，利用市场机制，对外开放，给人们的思想既带来积极影响，但是也出现了一切向钱看的个人利己心的滋长，各种腐化堕落现象也开始出现，西方资产阶级腐朽生活方式也输入国内并有扩大之势。小平同志从实际出发，指出在实行改革、开放，利用商品经济、市场机制中，确实存在消极影响。他指出："这几年发展说明，我们制定的方针政策是成功的，但是在发展中也带来了一些消极因素。"②他指出，文化意识形态领域资产阶级思潮的泛起，不仅会腐蚀人的革命意志，而且使人迷失方向，引起资产阶级自由化倾向。但是，小平同志反对因噎废食，实行收缩，而是提出"两手抓"，即要在坚持改革、开放、搞活的同时，采取各种有效措施来消除各种消极现象，特别是要采取加强对全民的政治思想工作，着眼于培养社会主义新人。

归结起来，小平同志从社会主义现代化的性质出发，引申出坚持改革、开放必须与坚持四项基本原则相结合。当然，坚持四项基本原则，也必须落实于改革、开放和富国强民的各项建设工作之中，不如此，坚持四项基本原则就失去现实意义与社会经济目的。可见，把

① 《邓小平同志重要谈话（1987年2月—7月）》，人民出版社，1987年，第1页。
② 《邓小平同志重要谈话（1987年2月—7月）》，人民出版社，1987年，第2页。

两个基本点相结合的思想，体现了在经济工作、经济改革中，重视发挥政治思想的积极作用，避免经济就是一切的机械唯物论，同时又使政治思想工作服从于生产力的发展和生产关系的完善，使政治适应于经济发展的要求，避免缺乏经济基础的空头政治。把两个基本点相结合，体现了政治与经济相统一的马克思主义辩证法，这也正是党的十三大根据邓小平思想而确立的"一个中心，两个基本点"相结合的基本路线，这就是它能在20世纪80年代经得起改革实践检验的原因。

综上所述，小平同志关于改革、开放、搞活的经济思想，体现了把马克思主义关于生产力与生产关系的原理，经济基础与上层建筑的原理，应用于中国社会主义经济建设的实际。他从中国社会主义现阶段的国情出发，提出和规定了中国社会主义建设中对生产力、生产关系和上层建筑三个方面的具体任务。特别是按照生产力与生产关系二者之间，以及经济基础与上层建筑二者之间的辩证关系，把三个方面的建设任务有机地结合起来，规定了实现三者之间的结合的基本措施与途径，这样，既坚持了马克思主义历史唯物论，又进一步丰富了历史唯物主义的理论。总之，善于把马克思主义的基本原理与中国改革、开放、建设的实际相结合，善于从中国的土壤中创造出中国式的马克思主义，这就是邓小平经济思想的鲜明特征，这也是邓小平关于建设有中国特色的社会主义的经济思想具有极重大的科学价值和表现出极重大的现实影响的原因之所在。

对广东经验的几点看法①

广东经济，自从实行改革开放12年来获得了迅速的发展，经济增长率较全国其他地区高5.4个百分点，农村工业化跨出了大步伐，社会面貌发生了巨大变化，可以说出现了经济繁荣、政治稳定的良好形势。

一、大力构建商品经济的经济机制

广东经济取得迅速发展，是由许多因素造成的。

第一，广东省是我国改革开放的前沿阵地，是深圳、珠海、汕头三个经济特区的所在地，较早实行了一系列特殊政策：（1）鼓励引进外资；（2）国家对广东实行了财政政策倾斜；（3）广东省对企业注意了放权搞活。

第二，广东省有得天独厚的特殊地理条件：广东省地处沿海，珠江三角洲的许多市县都是沿海城市；毗邻香港；各市县都有许多居住在海外的侨胞。这均有利于引进外资、外国的先进技术与管理经验，

_____

① 原载《改革》1992年第2期。

有利于发展外向型经济。显然，上述条件是内陆省区所不可与之相比的。

第三，广东有着发展商业和外贸的传统。广东依靠其处于南粤海洋交通线的地理条件，很早就有商业的发生和发展，人民有着经商的历史文化传统，较容易获得与形成商品意识。

第四，改革开放以来，广东省较早地形成了商品经济运行机制。我们认为，广东经济迅速发展的基本因素，既不能简单地归结为拥有实行对外开放的地理条件，也不能简单地归之于中央政策的倾斜，更不能将它归之于历史的、人文的因素。广东经济迅速发展的基本因素在于，商品经济的机制更早地并在地区经济更大范围内的形成。

12年来，把握住大力发展社会主义商品经济这一主轴，利用"特殊政策，灵活措施"，对国营企业实行扩权松绑、搞活，使它成为适应市场变化的自主经营的商品生产者。在塑造商品经济微观组织的同时，广东大力利用市场，发挥市场机制的作用。20世纪80年代初以来，广东坚决调放价格，把118种统购派购农副产品减为26种，现在只保留5种，从而使农民有了种养的自由。粮食除了订购部分外，早已放开。在广州，城市农副产品价格更是较早实行了放开。在广东，生产资料更早地实行市场流通，目前市场流通部分已占整个生产资料的90%。12年来，商业、第三产业有了很大发展，各种专业、综合市场的建设取得很大进展；个体、集体多种经济形式的商业齐头并进，并对交通建设抓得很紧，起了先行作用。这一切，大大促使商品化、市场化的发展。社会主义商品经济，大大调动了人的积极性，商品经济的组织（微观组织和市场结构）和机制的形成，像原子弹引爆一样，使各种生产要素在市场流通形式下，生气勃勃地自主组合，引发了在国营、集体、个体、"三资"等多种经济形式下发展商品经济的热潮。

在广东，主要依靠计划营运的国营大中型企业较少，12年来他们主要依靠市场调节机制兴办了一大批国营企业，特别是地方国营以及大集体企业。被称为"铁则"的市场法则——价值规律的作用是无情的，但却是培育铸造新企业机制的熔炉。人们看到，广东不少国营企业通过"下海"，锻炼出在市场游泳的本领，改革了企业组织管理、经营模式，引进了商品经济的企业机制——自主经营、自负盈亏、自行发展、自我约束——取得了良好的效益，在广东近年来涌现的一大批"明星企业"中，不少就是这种国营企业。

在广东较早形成的和覆盖于省内较大范围内的商品经济的机制，是12年间"三资"企业迅速发展的前提条件。较发达的商品经济更呼唤出一大批个体企业，出现了惠阳黄埔镇那样的家庭经营的鞋业镇。特别是较发达的商品经济的机制，卓有成效地推动了农村从自然经济向商品经济的转换。在珠江三角洲的农村，出现了乡镇办、村办、组办、联户、农民家庭办，这"五个轮子"一起围着市场转的发展商品经济的热潮。人们看到千百年来农民家庭"小而全"的生产，转变为专业化的生产，出现了各种各样的专业化养殖业和种植业。例如，种植经济作物、种花、种草等。此外，农民既生产也积极投身于市场营销，出现了多样形式的商业企业和个体商业经营、个体运输业。商品经济的发展，促使"乡镇企业异军突起"，并出现一大批可以与国内一些先进国营企业媲美的像珠江三角洲乡镇企业那样的"明星群体"。

商品经济机制启动工业生产的发展，有力地推动农村的工业化、城镇化。20世纪80年代中期以来，珠江三角洲小城镇星罗棋布，不断兴起，过去的农业县正在迅速向工业县转变。

综上所述，12年来，广东特别是珠江三角洲经济的突飞猛进，表明了商品经济的力量与作用，商品经济以其生产与经营的利益驱动和风险机制，调动了人们的劳动积极性，商品经济以其激烈竞争的风险和优胜劣汰机制，促使人们在所从事的生产与经营中发挥其聪明才智，不断地提高、完善、开拓、创新。实践证明，坚持发挥社会主义有计划的商品经济，努力形成有计划商品经济的机制——包括企业机制、市场机制和宏观调控机制——是最有效地调动人民群众的积极性之途，是使社会主义经济欣欣向荣充满生机的发展之途。

二、坚持以公有制为主体、大力发展社会主义商品经济

在社会主义条件下，发展商品经济会不会使经济偏离社会主义方向？我们的一些同志对此是不无担心的。

从理论上说，商品经济总是立足于一定的所有制之上，并且由后者来定性的。在历史上有立足于个体所有制基础之上的小商品经济，有以资本家私有制为基础的资本主义商品经济，有以社会主义公有制为基础的社会主义商品经济。在我国现阶段社会主义的条件下，实行以公有制为主体，以其他非社会主义所有制为补充，因而我国客观存在着社会主义商品经济，它具体表现为国有制的、集体所有制的和各种联合所有制的商品经济。同时，又有非社会主义的商品经济，它就是个体的、私营的、外资企业的商品经济。还有具有不同程度的社会主义性质的商品经济，例如中外合资企业，视中外持股和收益分配的具体情况，可以是基本社会主义的或半社会主义商品经济。股份制企业视其具体情况，或者是属于社会主义性质的，如有法人持股的股份制，或者是属于半社会主义的，或者基本上是私有制的商品经济。

可见，我国现阶段社会主义社会的所有制的性质，决定了我国的商品经济，将是以社会主义的商品经济为主体成分，而以其他半社会

主义、非社会主义的商品经济为补充成分，从而，它不可能是非社会主义的商品经济喧宾夺主地自由泛滥和任意膨胀，也不可能是发展纯粹的社会主义商品经济。在我国现阶段多种所有制并存条件下，发展商品经济，引进市场机制的作用，固然一方面将激励社会主义商品经济的发展，但另一方面它也会引发和激励各种非社会主义的商品经济的发展，因而在经济生活中客观存在着两种性质的商品经济的发展和竞赛。只要人们坚持深化改革，搞活社会主义国有企业和集体企业，以及探索能更加适应于商品经济机制的公有制企业形式，并对非社会主义的企业加强引导，使后者保持在一定范围内。在这种条件下，非社会主义性质的商品经济的发展，对社会主义商品经济将起着有益的补充作用，并且使国民经济更充满活力。

我国改革以来，商品经济的机制促进了社会主义商品经济的不断增长和发展，这不仅表现在国营企业的发展和12年来产值的增长上，更主要的是表现在集体所有制的乡镇企业的迅速发展上。上述情况，在广东特别是珠江三角洲表现得十分鲜明。从20世纪80年代中期起，掀起了新一轮发展乡镇企业的热潮。他们一方面依靠原有乡镇集体经济的自身积累，大胆地搞"负债经营"，敢于"借别人的钱来发财"——包括引进外资，特别是敢于采用高技术作为起点来发展"乡镇大企业"。广东顺德在20世纪80年代中期以来，建立了包括驰名全国的生产AD牌电饭煲、神州热水器、容声牌电冰箱等一大批技术高、批量大、产值大、市场占有率高的"乡镇大企业"。在顺德1990年产值超亿元的企业有14个，它们主要是乡镇企业；有的乡镇企业还取得国家一级企业的称号。在顺德，乡镇企业加上大集体企业的产值占国民生产总值的60%以上，如果加上国营公有制企业的产值，则占国民生产总值的98%，个体与私营只占国民生产总值的2%。

从珠江三角洲的经济发展中人们看到，集体能聚集到用以从事专业化经营所需的资金；它也可以在发展商品生产中，以逐渐兴办起来的产前、产中、产后的服务体系为依托，把生产搞得更好；还有可能从搞活的流通中获得各种生产资料的供应和产品的销售渠道；以及有信用社的更活的资金供应。因而，较为发展的商品经济的机制的形成，使人们重新认识到集体经济形式的优越性，因而，广大农民又一次联合起来利用集体形式发展商品生产与经营。不少地区出现了集资办厂的自发趋势，这些集体经济组织业已采用了适应于商品经济的企业形式（如"股份制"）与管理方式，而不是原先那样的"一大""二铁"的"垒大堆"的集体经济。更加发展的商品经济和市场作用，并不是只是引发个人发财致富，强化个体经济和私营经济，恰恰相反，它促使各种形式集体经济的发展，加强公有制的阵地，促进了共同富裕，从而使商品经济保持着社会主义的性质。从顺德经济的发展中，人们就可以看到上述的特点，表明了这是一条社会主义的发展商品经济的道路。

毋庸讳言，在存在多种所有制条件下，商品经济的深入发展，以其更强的和自发性的市场机制，必然会引发各种非社会主义的商品经济的发展。在广东，"三资"企业增长迅速，全国的中外合资企业，三分天下广东有其二，"三来一补"的企业，已成为东莞市发展经济的主要手段。对外开放和以多种形式引进外资，为这个地区注入了资金、技术和现代管理，成为12年来广东经济迅猛发展的重要因素，并使广东经济迅速向外向型经济转化。例如顺德、东莞、南海、中山"四小虎"，12年来引进外资近20亿元，1990年出口创汇16亿元，出口额占工农业总产值的1/3。强化市场的作用，同时促进了个体经济的迅速发展。人们可以看到，由海外市场和国内市场（占广东产品市场的2/3）构成的更大市场容量，催生出以个体经济为主要内容的惠阳

"黄埔镇经济"，使这个原先的穷乡僻壤发生巨大变化。在个体经济大发展和强化的市场作用下，自然地会不断地分化出私营经济。

总之，在广东经济发展中，商品经济的作用是二重的：它既促进社会主义性质的商品经济的发展，也激励各种非社会主义性质商品经济的发展。商品经济的发展，引起了我国原先的所有制结构的调整，在工业领域以及流通领域引进了个体、"三资"以及一定的私营等因素，原来的国营经济大包大揽，独占统治的状况已被打破。而在公有制经济的内部，集体所有制的地位日益重要，但这些发展变化并未改变以公有制为主体的社会主义经济。在广东，1990年全民所有制加上集体所有制，占全省工业总产值的73.7%，而非公有制的占26.3%。因而这一所有制结构的变化，仍然是处在以公有制为主体的基本框架下，但又适当增大了非社会主义的成分，拓宽社会主义所有制结构，并由此起了搞活经济的良好作用。广东经济的迅速发展，活力日增，社会安定，人民群众对党的政策和社会主义信心的增强，足以说明这个地区所有制结构的调整是健康的。

三、增强国营大中型企业活力，充分发挥国有经济作用

我国近年来经济发展中出现了国营经济在国民生产总值中所占的比重逐步降低的趋势，特别是在商业领域出现了国营商业的萎缩。这种发展趋势，在商品经济较发达的沿海地区表现得更加鲜明，甚至在个别地方，个体家庭经济成为发展经济的主体，而集体经营却发展缓慢并处于薄弱地位。我国社会主义以公有制为主体，国营企业特别是大中型企业居于骨干地位，发挥着主导作用。当然国营企业的主导作用，不能简单地量化为所有制结构中的某一比例，更不意味着要用国

营企业在国民生产总值中的一定比重来要求和规定每一个省区,特别是某一地区的发展。但是人们也必须看到我国近年来经济中表现出来的非社会主义经济形式发展势头强劲,而国营经济发展不足和滞后的现象。这是一种不符合社会主义经济规律的不正常的发展,它会给国民经济带来许多消极影响,甚至会导致削弱社会主义经济的基础。

国有经济发展滞后现象,其根源在于国营经济的体制、机制和政策,而不是由于国有制与商品经济不能"兼容",更不是由于公有制与商品经济不能"兼容"。具体地说:国有经济发展不足,其关键在于原先的国营企业的管理体制与按照产品经济运作的企业机制,不适合于商品经济的发展。商品经济及其市场机制,要求企业主动地和灵活地适应市场,正确地组织和调整生产与经营,这就与原有的国营企业决策权高度集中、企业缺乏自主权相矛盾。商品经济及其激烈的竞争和优胜劣汰要求企业有强烈的自我激励的动力,以形成不断完善经营管理,不断提高生产效率的机制,这就与原有的国营企业吃国家"大锅饭",职工端"铁饭碗",干部坐"铁交椅"的体制相矛盾。商品经济要求企业不断地自我积累,实现自我发展,不断进行技术革新和产品创新,提高产品的市场竞争力,而现在国营企业都是留利少,负担重,缺乏自我发展、革新技术的经济实力;商品经济要求企业能形成有效率的管理机制,优化的劳动组合,以节约管理费用和劳动成本,这是加强产品竞争力的重要条件,而现有国营企业体制却是机构庞大,人员冗杂,企业办社会,营业外支出大,难以实现费用的节约。总之,我国国营企业尽管经历了初步的改革,但体制与经营还不完善,企业还缺乏活力。

一方面,经济的商品化和市场化在不断地向前发展——尽管也是艰难的发展——从而市场调节的作用强化;而另一方面,国营企业的改革尚未到位,适应于市场调节作用的企业体制和机制尚未形成,国营企业既受到来自旧的体制的僵滞运作的束缚，又因为新体制的不完善而存在短期行为。归根到底，国营企业不健全的机制和作用更加强化的市场机制的矛盾，成为当前国营企业特别是国营大中型企业的主要矛盾。而商品经济所固有的价值规律是无情的。一方面国营企业缺乏对商品经济机制的适应性，而另一方面，个体企业和"三资"企业却有对市场的较强的适应性，这种情况决定着国营企业在竞争中处于不利地位，就有可能被排挤、打败，丧失自己的阵地。如果又出现以下的情况：对集体、"三资"企业实行政策倾斜，对个体经济缺乏管理和引导，对国营企业特别是大中型企业，且不说缺乏必要的政策扶持，甚至还不能拥有同等的待遇，从而缺乏平等的竞争条件。显然地，在上述情况下，国营企业发展滞后，国营企业和集体、"三资"等企业间的"反差"就必然会鲜明地表现出来。当然，国营企业发展滞后现象，是新旧模式转换初始阶段难以完全避免的。但是如果看不见客观存在国有经济发展滞后现象，甚至把国有经济的弱化视为发展商品经济的必然要求，这样的观点就是不恰当的；而在实际工作中，从经济发展自流论出发，听之任之，不采取措施来加强国营企业的发展，更是不妥当的。

广东省和沿海地区各级领导正在贯彻落实中央工作会议的精神，大力增强国营企业的活力，强化国有经济的作用，以促使社会主义有计划商品经济更加顺利和健康的发展。加强国有经济，只能通过改革体制，转换机制，增强企业活力，使国有企业能依靠自己的良好的运作和效率，在激烈的竞争中求得生存，求得发展，而不是采取抑制个体、集体和其他非社会主义经济形式的发展。在采取保持国营企业拥有公平竞争能力的措施时，也不是要对国营企业实行保护落后的政策倾斜，国营企业如果单单靠放权、让利和其他优惠，而不是依靠转换机制和自身活力的增强，就不能在发展商品经济中立于不败之地。

四、市场与计划的矛盾以及二者的结合

从广东经济的发展中，人们可以深切地感觉到：引进市场机制对搞活经济，促进经济发展所起的重要作用。但是引进市场，有效地发挥市场调节作用，同时又能坚持经济运行的计划性，这是十分艰巨的任务。人们会看到，引进市场给经济带来了活力与生气，同时也出现某些领域经济活动的无序。广东经济发展中，就产业与企业结构来说，表现出下述新情况和新问题：

（一）产业轻型化，基础工业发展不足

广东基础原材料工业落后，自给率低，而近12年来经济却呈现出结构"轻型化"，加工工业高速增长，基础工业发展不足。1979~1989年轻工业增长19.8%，比重工业高出5.4%，轻工业比重由1980年的63%，上升到1989年的68.7%。轻工业发展所需原材料越来越不足，广东经济出现"原料供应危机"，是并非没有可能的。

（二）企业结构小型化，大型骨干工业发展不足

广东大型工业企业较少，近12年来，集体、乡镇企业为主要形式的小型企业迅速发展，"三资"企业特别是"三来一补"多数也是小型的。1989年大型企业仅占企业总数的0.92%，中型企业占2.44%，小型企业占96.64%。广东一些地方尽管出现了产值大、效益好的"乡镇大企业"，但是总的情况是企业较小，规模效益缺乏，从而影响产

品竞争力,这一问题在近年来市场疲软中已经暴露出来。广东经济迅猛发展中产业结构与企业结构出现"畸轻""畸小"的现象,其深层的症结在于模式转换初期市场机制的两重作用。由于市场尚在发育之中,社会主义的市场体系和统一市场还未形成,因而改革初始阶段的这一市场机制:(1)由于还不完全和不充分,它激励发展而不能有效地实行调整;(2)由于价格僵滞和价格体系不合理,它再生出原有的长线和短线结构,并激励和造成长线越长,短线越短。

模式转换期市场机制的上述作用和特征决定了:

第一,日益强化的市场调节启动了经济的自我生长,驱动了长期需求强劲的轻工业的大发展。

第二,财政包干和投资主体多元化,激发省、市、县、乡上下齐动,大办加工工业的热潮,并造成盲目建设,重复建设。在分配关系变化、投资分散的情况下,自发的市场机制的作用,必然造成小型企业遍地开花的局面,造成结构畸小和缺乏规模效益。

第三,由于价格体系不合理,基础原材料工业价格低,自发的市场机制作用必然会产生资源配置于利大的消费品工业特别是家电工业,造成资源配置失衡。

可见,现阶段的现实的市场机制,既是启动和促进了广东经济大发展的经济动因,同时又是造成经济发展中产业结构、企业结构失衡现象的经济动因。为使市场机制利多弊少地发生作用,人们不是要采取"兴计划,抑市场"去压制商品化和市场发育,而是要加快市场发展进程,并且使这一发展与发挥计划的作用相结合,从而做到利用市场与计划二者的积极作用。当前,广东省各级领导正在按照七中全会的精神,大力创造和形成计划经济与市场调节相结合的经济运行机制。一方面根据广东经验和广东具体情况，进一步地搞好放开、搞活，发展与运用市场机制的积极作用；另一方面进一步搞好计划调节，争取在经济运行中使计划与市场更好地结合，以促使在20世纪90年代，在这个对外开放地区，实现经济既生机勃勃又有序地发展。

广东经验对内地有借鉴意义①

——刘诗白教授考察归来话改革

著名经济学家、西南财经大学名誉校长刘诗白教授于近期赴广东，对其经济发展状况进行考察，提出了我国当前经济发展中一些值得注意和研究的新问题。

广东目前所遇到的问题也是内地改革过程中将要面临的问题。

刘诗白教授认为，广东及沿海地区实行改革开放以来，经济获得迅速发展，为了进一步深化改革，扩大开放，使我国沿海地区经济在20世纪90年代有更大更好的发展，有必要从理论上认真研究总结广东的经验，这对于加快内地经济发展，也具有很重要的借鉴意义。

广东省于1981年开始实行特殊政策和灵活措施相结合。20世纪80年代中期，地处珠江三角洲的江门、中山、佛山、东莞、番禺、南海、顺德等县市辟为经济开发区。此处，还有深圳、珠海、汕头三个经济特区。12年来，广东省经济发展很快，工业总产值1986年超过1600多亿元，超过了上海。1990年，上海实行浦东开发，加快了发展

---

① 原载《改革时报》1992年。

的步伐。可以预料，20世纪90年代上海、江苏、广东、福建、山东等沿海省市之间将展开激烈的经济竞赛，上述几个地区将是我国经济发展最快的地方。由于广东省在对外开放中拥有的优势，广东经济发展很有可能仍将保持其在全国最前列的地位，并由此对内地的经济发展起到有力的带动作用。

毋庸置疑，广东及沿海地区的经济发展也带来了新的问题。例如，内地的原材料经过广东的深加工出口外销，而内地原材料售价很低，变成了广东的高附加值，由此扩大了内地与沿海的反差。又如，内地的知识分子、技术人员纷纷涌向沿海，形成了声势浩大的"南海潮"，对内地的经济发展也带来消极影响。这些问题在20世纪90年代经济发展中都应该认真研究和有所解决。此外，广东省在实行改革开放过程中，也产生了一些不容忽视的问题，如：国有经济发展滞后，重复建设，盲目生产，收入分配差距拉大，一些地方社会风气不良等。广东省目前所遇到的问题也是内地发展商品经济，深化改革，扩大开放过程中将要面临的问题。所以，内陆省区要认真研究广东经验，采取妥善措施，防止负效应的发生。

近年来，广东工业生产发展持续增长，珠江三角洲12年来工业生产每年增长26.1%。广东省的工业增长速度1990年约为16%，1991年第三季度上升为27%；1990年工业产值达2000亿元，而财政收入达130亿元，目前企业储蓄加居民储蓄达2000亿元。雄厚的财力为广东省的各项建设提供了较宽裕的资金。广东正在大搞交通建设，修路、建桥、筑港，进一步形成交通网络，以促进商品流通和市场发育。

广东省尽管经济增长较快，但物价却保持基本稳定。与内地相比，广州市蔬菜价格略高，一般日用品则十分便宜，居民生活水平大幅度提高。据了解，广州、佛山、中山、东莞、深圳、珠海6个县市1990年居民人均年收入3000元以上，广东全省居民人均年收入2300元，上海为1600元，全国为630元，珠江三角洲的人民生活水平已经是"超小康"。居民住房面积、高档耐用消费品拥有量均超过全国平均水平。

刘教授认为，广东经济增长较快的主要原因以及五个值得内地参考的做法是：

第一，广东省是我国改革开放的前沿阵地，是三个经济特区的所在地，较早地实行了一系列的特殊政策：（1）鼓励引进外资。广东省狠抓投资环境建设，在征地、交通、水电供应等方面提供一系列优惠条件，以吸引外资，促使外资大量注入。1991年我国有32000多家合资企业，广东省就有20000多家。外资的引进，也引进了国外的先进技术与管理，从而使工业、农业等生产领域获得了来自国际的推动力量。同时，"三资"企业的崛起也为内地和广东提供了更多的就业机会。（2）国家对广东实行了财政政策倾斜。20世纪80年代中期以后，国家对广东实行了财政上缴包干，年递增率为8%，政策非常优惠。广东省向国家财政上缴较少，省财政也相应对市县实行了较为宽松的上缴政策，形成"放水养鱼，藏富于民"的良性循环机制，这是广东地方经济得以迅猛增长的重要原因。（3）广东省对企业注意了放权搞活。企业的经营、分配等均实行较为松动、灵活的政策，增大了企业的自主权。这种放权搞活的措施，极大地增强了广东经济的活力。

第二，广东拥有得天独厚的特殊地理条件。广东地处沿海，珠江三角洲的许多市县都是沿海城市；珠江三角洲市县毗邻香港，引进外资，发展外贸非常方便；广东省各市县都有许多居住在海外的侨胞，有利于引进外资、外国的先进技术与管理经验，有利于发展外向型经济。

第三，从经济机制来看，广东省较早地形成了商品经济运行机制。（1）市场发育快，商品化、市场化程度高，市场的作用大。90%以上的消费品和80%的生产资料通过市场进入生产和消费领域，从而促进了企业发展。（2）市场的导向作用和调节作用大，促进企业适应市场，完善经营，增强产品竞争力，从而增强企业活力。当然，市场调节的强化，同时带来了许多问题，诸如盲目生产、重复建设等不合理现象仍然存在。但从总体看，广东省的商品经济运行机制的较早形成，市场体系的较为健全与市场调节作用大大增强了其经济的活力。市场的发展对农村经济的发展也起到了推动作用，农村被纳入了商品经济的运行轨道，80%以上的农产品实现了商品化，增加了农民的收入，带动了整个农村经济的发展。市场的发展同时使广东的商业流通领域更加活跃，除国营商业而外，合作商业、个体商业的网点遍布全省。各类企业市场迅速崛起，使广东的"三资"企业、集体企业和家庭经营得以兴旺发展。

第四，广东省在确保公有制经济主体地位的前提下，采取多种所有制形式，大力扶持个体经济和"三资"企业的发展。在近几年的经济发展过程中，涌现出一批各具特色、充满生机和活力的经济模式。有创建"乡镇企业"，以集体所有制为主体的"顺德模式"；大力发展市办大型企业集团的"中山模式"；以"三来一补"为主，县、镇、村、联合体、农户"五个轮子"一起转，大办来料加工的"东莞模式"；以家庭工业为主的"黄埔镇模式"等。这些经济模式都是在适应各地具体条件的基础上创建起来的，从而起到有力地促进地方经济发展的作用。广东省在改革开放中，坚持以公有制为主体，在许多地区，集体所有制的乡镇企业崛起，并居主导地位。据统计，全省全民所有制与集体所有制经济在所有制结构中约占73%，非公有制经济约占26%。广东省的成功经验表明，各地区发展本地经济过程中，都应依据本地的实际情况，因地制宜，采取相应的发展战略和不同的经济模式。

第五，积极推行金融改革，充分发挥金融筹资的作用。近几年，广东省经济建设的筹资渠道逐步由以往的国家拨款转变为多渠道筹集资金，主要有银行贷款、引进外资和自筹资金三种形式。其中，银行贷款居于主导地位。近年来才成立的"广东发展银行"资产已达70亿元，贷款额高达70亿元，有力地支持了经济的发展。广东信用社体系十分发达，对支持乡镇企业和农村经济的发展起到了有力的促进作用。

广东经济发展最有希望的地区是惠州。这里充分显示了改革开放的威力。

刘诗白教授还谈到，广东经济的发展，经历了以下几个阶段：20世纪80年代初期深圳经济特区崛起，80年代中期开始，以广东"四小虎"为首的珠江三角洲迅速发展，把广东经济推上了新的台阶。90年代，广东经济发展最有希望的地区是惠州。惠州地处大亚湾，人口约为220万人，土地160万公里，拥有天然的深水港，广阔的工业用地，充分的淡水资源，良好的农业基础，还有丰富的旅游资源——大亚湾海滩，其优越的综合条件，是国内少有的，具有很大的发展潜力。

惠州市正在大力发展高技术的企业。该市电子工业已形成规模，目前，正在拟议筹建与韩国合资的熊猫汽车厂。该市有一批技术先进、管理健全、产值大、创汇多的"三资"企业。"八五"期间还将与英荷壳牌合资建造500万吨重油加工厂。惠州经济将成为高起点、高产业结构，充分体现科技是第一生产力的经济。惠州经济将由此成为广东经济从20世纪80年代水平向90年代的高产业结构转换和升级的接合点。因此，大亚湾的开发与建设，对广东经济的发展其意义将是十分深远的。

刘诗白教授最后指出：广东经济发展充分显示了发展开放的威力。只要我们坚持"一个中心，两个基本点"的路线，大力发展有计划的商品经济，坚定不移地、大胆地探索走建设有中国特色的社会主义的道路，社会主义经济的进一步振兴乃是大有希望的。

三论广东经验[①]

一、广东经济迅速发展及其原因

广东是我国改革开放的前沿阵地和试验场，1981年开始实行特殊政策和灵活措施，开始了一轮生气勃勃的社会主义改革。改革使广东经济迅猛发展。首先，深圳特区一马当先，此后，珠江三角洲经济迅速崛起。在这两个地区的带动下，1979年至1991年广东国民生产总值以年均12.4%递增，工农业总产值以年均15.8%递增，财政收入以年均12.5%递增，呈现出经济高速增长的局面，即使是在治理整顿的三年中，广东工业仍然保持两位数的增长。而与此同时，物价却基本保持稳定，1991年物价上涨不到2%，低于全国的增长幅度。经济发展带来了人民收入的上升，广州、佛山、中山、东莞、深圳、珠海6个县市1990年居民人均年收入3000元以上，广东全省居民人均年收入2300元，位于全国最前列。这个原先在国内经济属于落后的地区，发生了城乡巨变，地区经济发展水平已跃居全国前列，并且，目前已经冲到

---

① 原载《南方经济》1992年第5期。

与亚洲"四小龙"竞赛的起跑线上，人们称之为"广东奇迹"。

广东奇迹是怎样发生的？它是由多种因素共同造成的：

第一，广东省较早实行了一系列特殊政策，如对企业放权搞活，对外开放，以优惠条件鼓励引进外资。

1991年我国有32000多家合资企业，广东省就有20000多家。外资的引进，也引进了国外的先进技术与管理，带来了近200万个工作岗位，为内地和广州的工人提供了更多的就业机会。引进外资兴办"三资企业"，也开拓了国外市场，广东工业产品近1/3就是在国外销售的。总之，对外开放为广东经济带来了来自国际经济的动力。

第二，广东拥有得天独厚的特殊地理和人文条件。广东省地处沿海，珠江三角洲的许多市县都是沿海城市，而且毗邻香港。加之广东省各市县都有许多居住海外的侨胞，有利于引进外资、外国的先进技术与管理经验，有利于发展外向型经济。此外，广东沿海地区人民很早就有经商的历史文化传统，较容易形成商品经济意识。

第三，国家对广东实行了财政政策倾斜，这也是广东经济得以迅速发展的重要因素。

但是，在寻找广东经济迅速发展的原因时，我们不能仅仅看见以上几个方面的因素，更不能将它们视为决定性的因素。经济能否顺利发展关键在于经济机制，没有良好的机制，无论是国外资金的注入，先进技术的引进，或是政府的财政松动和"输血"，都不能使经济顺利发展。国内一些经济发展滞后地区的实践经验一再证明这一点。广东经济迅速发展的主要因素，显然地是改革以来在那里逐步产生的新经济机制的作用。

二、社会主义商品经济的摇篮

广东是我国社会主义商品经济的摇篮,在十一届三中全会的改革、开放、搞活的路线指引下,作为三个经济特区所在地和沿海开放地区,广东省在20世纪80年代加快了由传统产品经济向社会主义商品经济转换的步伐,并较早地初步构建起社会主义商品经济的新体制和新机制。

(一)自主经营的企业机制的形成

社会主义经济是以公有制为基础的商品经济,是政府有计划调控的,充分发挥市场调节作用的商品经济。社会主义商品经济是以自主经营的企业为其微观主体,以市场机制为其基本调节器,以间接的宏观的调控为政府调控经济的方式。为了形成这样的社会主义商品经济的新体制和新机制,首先,必须抓企业改革,重筑能适应市场机制的作用的微观基础。企业改革,从何处开始?在广东,人们基于社会主义商品经济既要搞活企业,又要坚持公有制性质,着眼于搞好公有制企业的机制转换,特别是在珠江三角洲,那里首先抓乡镇企业机制的转换与完善。顺德模式是完善乡镇集体企业机制把企业搞活的集中代表。在20世纪80年代初农村实行家庭大包干中,顺德人并没有采取将镇(村)集体经济解散和"分光"的做法,而是大力改造原有的集中管理的镇(村)集体工业,使之适应于农村的新条件。他们基于政企分离原则,实行乡镇集体所有,企业经营,首先赋予企业以责权利和法人地位。乡镇集体企业本来就没有国营企业那样的多头行政干预,又实行向企业放权,乡政府主要是收取利润,即从经济上实现其所有权。作为企业主管单位的集团公司,也主要是管产权,管人事任命,管工资总额和对企业提供服务,而内部人事管理、机构设置、分配、产品定价、小型技改投资权等权力均归企业。以上的改革使乡镇企业成为能自主经营、独立参与市场的充满活力的商品生产者。

在顺德，人们较早地把乡镇企业的适用机制引入国营企业，为了进一步搞活企业，顺德较早地提出和实行把转换企业经营机制和实行政府职能转换结合起来，它们撤销工业的主管部门，组建集团公司，实行政企分开，减少上级部门的行政干预，国营企业过去作为行政附属物的状况得到很大的改变，自主经营权逐步得到保障。企业改革的内容除了构建企业的自主经营机制，还着眼于构建自我激励机制，构建自我积累、自行发展机制，构建自担风险、自我约束的机制。

由于对企业实行系列的改革、调整，珠江三角洲的乡镇企业以及那些机制转换得好的国营企业，已经不是原先产品经济体制下的带有僵化性的企业，而是拥有内在的积极性和首创精神的企业。企业由此被推入市场，并在激烈的市场竞争中求生存、求发展，在构建社会主义商品经济新体制中，珠江三角洲迈出了关键性的一步。

（二）市场的培育与市场机制作用的发挥

由于社会主义商品经济的生产主体——企业，是以经济效益极大化即交换价值为直接目标的微观经济组织，理所当然的，市场价格变动及市场交换获得的利益，对企业的经济活动就起着直接启动、导向、调整的作用，因而市场机制仍然是社会主义商品经济的基本调节器。

市场机制是体现于市场运作之中，它首先需要有市场的形成。企业机制的转换和市场主体的重铸本身，就形成市场的初阶。20世纪80年代初珠江三角洲农村实行家庭联产承包的改革，使农民成为独立的商品生产者，从而使农民之间和农民与国家、农民与企业之间的交换成为市场交换，由此形成了以农村家庭承包为基础的市场，它和城市以个体和集体经济为基础的市场一起，成为改革后引进的市场结构的主要部分。20世纪80年代中以来，随着乡镇集体企业的兴起和市场交换的发展，使市场进一步充实和发展，出现和构建起一个新的市场结构。这是一个多元性的市场，不仅仅有乡镇集体企业参与，而且也有个体企业参与，也是国营企业能够参与和加以利用的。这是一个多要素的市场，既有一般农副产品和工业消费品的交换，又包括了乡镇企业所需要的各种生产资料的市场交换，以及劳动力、信息等的市场交换，可见，乡镇企业间的交换在市场发展与形成中，走出了关键的一步。

除此而外，政府采取了其他重大改革来培育市场。例如：（1）调减指令性计划。农业，目前除粮食订购部分和少部分甘蔗生产实行指令性计划外，其他均已放开，农业总产值1990年计划只占70%，工业镇（村）集体不纳入计划管理。1990年顺德全县工业总产值中，国家计划调节部分占10.2%，国家按计划供给顺德的商品与物资仅有1.5亿元。（2）放开价格，减少计划定价的范围。1990年全县商品零售总额中，国家定价占5%，95%由市场调节。（3）加强市场设施建设，已形成38个专业批发市场等。以上这一切，造成20世纪80年代这个地区市场发展，交换活跃，集镇兴起，商业繁荣，原来的缺乏交换意识的、耻于做买卖的庄稼人，现在骑着摩托，驾驶着货运汽车，拎起公事皮包，频繁地参与市场交换，成为十分精明的经营者，而数千年来封闭的农村自然经济，在市场化的潮流中真正地颓然崩解。

市场机制促使企业机制转换功能。市场与企业的关系，是互相促进的一对连环。市场作用的发挥首先要有能适应市场的企业机制形成，而市场的形成和市场机制的发挥作用，又促使企业机制的完善，促进主体的改革。例如，促使企业去加强经营，革新技术，降低成本；促使企业的自我激励机制，自我积累机制，自我约束机制，自我组合（企业组织调整，组合）机制的完善。为什么那里的乡镇集体企业能够留足积累后才进行分配？为什么顺德乡镇企业有较强烈的技术进步的冲动？这均应从市场→企业的作用中去寻找答案。

市场机制对主体的利益驱动和调整功能。传统的计划经济体制，排除和摒弃市场，也就排除和摒弃了进行经济调控的有效的手段和杠杆，而只是依靠行政强制力，强使企业按照指令性计划进行生产与交换。这种用行政强制来推动企业的方式，在从空地上构建社会主义大工业的国家工业化初始阶段，是难以避免的，但是也存在行政强制固有的种种弊端。在经济发展越是转上主要依靠内涵式扩大再生产，依靠企业内在生产潜力的深入发掘的阶段，这种计划统制型经济运行机制越是显示出其僵化的性质。它表现为：（1）各条条块块指令性计划引导的活动的内在摩擦，互不协调，从而造成比例失调。（2）定期的中央集中的调整，也因其条块下达指令性的活动的难以协调，而难以发挥其充分调整效应，其结果是计划经济机制未能使经济均衡，反而是加剧失衡。市场机制的作用，则是依靠价格，依靠价格机制所提供的利益，来推动企业自动采取顺应市场的调整。在社会主义阶段，特别是社会主义初级阶段，利益的吸引力毕竟是基本的吸引力，通过需求→价格→生产的灵敏的变化，通过利益关系有效地发挥导向、调整的功能，自动地调节着产品结构、产业结构和企业结构的变动，及时地实现了生产适应市场——从而即是适应了消费需求——的自动调整。因而，引进市场机制也就给经济引进与设置了一个自动均衡器。市场机制调节作用的有效性在顺德20世纪80年代经济发展中有鲜明的表现。这个县的乡镇企业表现出下述特征：（1）质量意识强。企业不断调整产品结构，使产品适销对路。（2）批量意识强。企业抓住拳头产品，上批量，上规模。（3）联合意识强。企业及时调整组织结构，

20世纪80年代的小企业，组成了实力强的联合体。（4）技术进步意识强。企业领先科技进步，上质量，上批量，"科技兴工"，农民也积极引进新品种、新技术，"科技兴农"。顺德企业行为的上述特征，具体表现出市场机制的驱动、导向和调整的作用。

对广东经济快速增长的原因进行认真的分析研究，人们将会看出最根本的因素在于社会主义商品经济的新机制的较早形成在于市场的引进和市场作用的发挥，市场使社会主义商品经济获得了充沛的活力。以市场调节为基本调节器的经济机制，借助于市场微观主体的结构与机制使企业——国营、集体、"三资"——活跃起来，成为拥有内在活力的生产主体。企业的活力又由于市场客体——市场体系——的形成和功能的发挥而得到加强。企业不仅仅不断地捕捉市场信息，且及时反馈于生产之中，使资金、技术、劳动力等生产要素组合方式得以不断优化，使产品质量不断改进，档次不断提高，批量增大，企业组织结构不断完善，积累不断增加，小企业发展为中型和大联合体。乡镇企业异军突起，千百年来人们从事单一农业的农村，一下子迈上了工业化的道路。总之，对广东珠江三角洲12年发展变化的经济考察，归结到这一点：形成能充分发挥市场调节作用的社会主义商品经济的机制是无比重要的，这一机制使社会主义经济拥有充沛活力。经济发展关键在于机制，机制比人强。人还是那些人，条件基本是那些条件，在传统计划经济机制下，生产却上不去，连农业稳定增长也难以保证，而一旦摆脱传统计划经济机制，依靠新的经济体制和新的经济机制，农民也办起大事，中国的亿万世世代代荷锄挖地的农民也能改天换地，创造奇迹。

（三）发挥政府调控经济的作用，实现市场与计划的结合

新的社会主义商品经济，尽管市场机制是经济运行机制的基础，但是绝不是单靠市场"看不见的手"的调节，还需要充分发挥政府调控经济的功能。

在广东的改革中，人们一方面大力实行搞活、放开，转换政府管理经济的职能，实行"小政府"，以发挥市场调节作用；但是另一方面，也坚持政府的调整调控经济的职能，发挥计划机制的作用。例如，依靠政府的经济职能，搞好总量平衡；保持价格基本稳定，大力发展能源、交通、基础设施；制定和贯彻产业政策，调整和优化产业结构；等等。上述政府的调控经济的功能，是贯彻经济计划所必要的，它体现了计划机制的作用。但是，计划调节适应社会主义商品经济的需要，采取了主要是间接的、依靠经济手段进行宏观调控的方式。用顺德人的话，这就是："政府引导，环境创造，协调服务，依法监督。"乡镇集体企业的创办，其环境的创造，项目的选定，财力的集中，资金的筹集，重大技改以及企业的联合，无不体现了政府的作用。初生期的乡镇企业，从出现到站稳脚跟，不能没有政府的扶持，如果取消了乡政府的经济功能，就不可能有顺德那些"乡镇大企业"的产生。依靠政府的经济职能，把市场作用与计划作用相结合，这也是顺德的乡镇企业得以顺利发展和壮大的因素。

三、广东经验的几点启示

第一，广东经济12年来迅速发展的基本经验，归结到一点就是：抓住改革体制、转换机制不放。广东12年来，由于"放得开，搞得活"，也就是依靠深化改革，扩大开放，依靠新的社会主义商品经济

的机制，增强了经济活力，促进了增长，提高了效益。广东经验表明，改革完全能使社会主义焕发青春，充满生机，只要我们坚持基本路线不动摇，大力推进改革，扩大开放，中国社会主义经济获得进一步的振兴，是充满希望的。

第二，我国的新经济体制是商品经济体制。结合广东顺德等地的经验，我们可以看出，这一新体制和机制的特征是：以公有制为基础，在经济运行中，充分发挥市场的调节作用和政府实行间接的经济调控。市场机制作用的强化则是新经济机制的鲜明特征，由于市场机制在现实中起着基本调节器的作用，使经济运行充满了新的活力。当然，市场调节不是十全十美，市场机制的强化也会增强经济运行中的盲目性和产生新的矛盾，因此，需要充分发挥政府的调控经济的功能，实现计划的协调作用。尽管实现计划与市场相结合，还需要进行艰苦的探索，但广东的实践表明，市场调节是新经济机制的主体，人们可以在以市场为主体的条件下，使计划与市场相结合。这一实践给我们的启示：可以说正在构建的新体制就是能充分发挥市场经济为主体，并实行计划与市场相结合的社会主义经济。

第三，社会主义商品经济的新机制，就当前在广东来说，只是刚刚产生和初步形成，还很不完善，因而按照社会主义商品经济的性质和要求，坚定不移地把改革体制、转换机制向前推进，就是摆在人们面前的重要任务。首先，就商品经济的微观组织来说，集体、个体、私营、"三资"企业是较活的，但国营这一块，除了一部分有活力外，多数缺乏活力，和内地国营企业一样，近年来出现较大面积的亏损，因而当前该大力抓好占全省国民生产总值45%左右的国营企业的机制转换，把企业认真搞活。其次，就市场机制的作用来说，当前只能是初步得到发挥。例如，市场体系尚不完全，劳动力市场化不过是刚刚开始，金融市场刚刚起步，房地产市场尚未开放。此外，价格机制也只是初步形成，价格体系还需进一步理顺。可见，作为新经济机制的基础的市场机制作用的强化和使之向广度与深度经济领域扩展，以便充分地发掘和增强经济的活力，仍然是迫切需要解决的问题。至于如何对经济市场化运行强化过程中将难以避免的和将会表现得更加鲜明的经济盲目发展、结构失衡、价格不稳等问题，进行更有效的政府调控，以实现计划的功能，避免经济总体运行的失序。基于广东12年来改革经验的科学总结，人们完全可以相信，20世纪90年代广东将在构建新体制、形成新机制中，创造出新的经验。

凉山经济的外向型发展战略刍议[①]

在我国，由于历史原因，少数民族地区一直处于比较落后的不发达状态，发展基础比较差。中华人民共和国成立40多年来，虽然党和政府积极扶持帮助，为发展民族地区经济做过种种努力，创造了多方面的条件，但少数民族地区与国内发达地区相比，差距仍然比较大，经济发展中所需的资金、技术、人才等仍然严重匮乏。为此，少数民族聚居的地区常被视为我国经济发展中的"第三世界"。关于振兴民族地区的经济，人们提出过种种思路，其中有这样两条：一是在原有经济基础上，保证民族地区内部积累的稳步增加，使民族经济逐步发展壮大。这是一条渐进的长期发展思路。二是通过国家对民族地区的资金帮助，并辅以民族地区内部与外部积极的资金筹集，对民族地区的经济建设实行所谓"大推进"（BIG PUSH），促使民族地区经济在各方面同步发展，以避免经济起飞过程中可能出现的部门制约。这一思路是在巨大的外力推动下发展民族经济的更为快捷的方式。

上述两种发展思路都存在这样一点不足，即把民族地区的经济仅

---

①　原载《希望与选择》，四川人民出版社，1992年。

仅视为一个封闭的系统。按照第一种发展思路，即便国家给民族地区更多的政策投入，保证民族地区自治权的真正落实，但由于这些地区工业基础差，其自身积累能力将是有限的，其结果，可能导致民族地区与内地发达地区之间的差距越来越大。第二种发展思路也存在不少掣肘的因素。通过各种途径民族地区可能从内部和外部得到发展急需的资金，国家也可能在一定程度上给予民族地区以资金上的帮助。可是，资金并不是民族地区经济发展中所面临的全部困难。除了资金，人才、技术、管理经验等也是这些地区急需的。如果这些条件不具备，引进的资金也难以取得应有的效果，甚至还可能造成新的损失，背上更沉的包袱。

发展民族地区的经济，不能把眼光仅仅局限在本地区。民族经济在振兴之初，并不一定要像一个拥有独立主权的第三世界国家一样，置经济结构的完备化于显著地位。在我国，民族地区经济与其他内地经济区之间的关系，本质上是一种相互促进、相互支援、互为补充、相得益彰的关系。因此，民族地区首先应该利用已有的地理资源优势，积极参与本地区以外更大范围的经济协作与发展，并由此来带动本民族地区经济的全面发展。民族地区在这种参与过程中将逐步缩小以至最终完全消除与发达地区的差距。从这样一种大思路去考虑民族地区经济的发展，将使这些地区获得持久而稳定的推动力，不失为一条迅速振兴落后地区经济的可行之路。这是一种以民族地区丰富的资源条件为契机的外向型发展战略。它的特征在于使民族地区的经济成为一种能自我调整、自我发展的开放性系统，既对国内发达地区开放，又对国外开放，从开放中获得系统扩张的物质与能量。这种发展思路尤其适用于矿藏资源丰厚、水能资源富足而经济落后的民族地区，凉山就是其中一例。

凉山州是我国最大的彝族聚居地，资源丰富，潜力巨大，是我国、我省国土资源的重点开发区——攀西地区的重要组成部分。在这一地区，矿产多达1500余种，其中大型矿床就有30个之多。其蕴藏的富铁矿储量占全省的86.6%，铜储量占全省的75%，锌储量占全省的87.9%，铅储量占全省的74.9%，锡储量占全省的84%，稀土储量占全省的70%。这些矿产资源具有储存条件好、综合利用价值高、交通方便等优点。丰富的矿藏为这一地区地方工业的发展提供了得天独厚的条件。这些品质高、数量大的矿藏资源，其意义已经远远超出了这一地区地方工业发展的需要，它们是国家进行大规模冶金、化工、建材建设的重要基地。可见，凭借凉山地上地下的资源优势，积极参与国内发达地区的经济发展，由此来振兴凉山经济，不仅是可行的，而且是凉山经济建设的一条重要路子。而有效地运用资源优势，吸引外资来本地投资办厂，相互合作，共同开发，民族地区由此得到的将不仅仅是资金，而且还有人才、技术和管理经验等。通过投资连锁反应，还会带动地方企业的发展。这就将给凉山地区的经济注入新鲜的活力。敞开凉山大门，走以资源开发为契机的外向型发展道路，需要开阔视野、克服屏障，把本地区经济发展自觉纳入内地发达地区乃至更大范围经济发展的大气候之下来考虑。这样，凉山经济的前景必定是令人振奋的，并且，将真正不失为"四川工业的天府之国"。

振兴凉山经济，如果走以资源开发为契机的外向型发展道路，有必要明确如下几点：

一、确立以资源开发为中心的地区主导经济部门

确立以资源开发为中心的地区主导经济部门，考虑到了像凉山

这样资源富足，而资金、技术、人才有限这一现实条件。在落后的民族地区发展地方工业，首先碰到的是资金问题。当前以至今后一段时期，国家财政都很难拿出较多的资金来支援民族地区的经济发展。其次还有工业基础比较薄弱的问题。凉山的地方工业与内地其他地区工业相比，差距仍较大，更不用说与沿海发达地区工业相比了。例如，1978～1986年凉山用于工业部门的基本建设和技术改造投资累计达5.7亿元（其中基本建设为4.6亿元），而同期工业总产值只净增2.45亿元，资金系数为0.43，即投入1元钱的固定资产只增加0.43元的产值。在这期间，四川省的资金系数为0.74，全国为0.94。随着我国经济体制改革的不断深入，国内统一市场逐步形成，商品竞争将日趋激烈。民族地区的地方工业发展，除非有高于全国工业发展的平均效益和平均速度，否则将难以跻身于国内经济舞台。因此，在制定凉山经济发展战略时，应扬己之所长，避己之所短。具体地说，就是要充分利用资源蕴藏丰富的优势，走符合州情的发展路子。这是因为，资源的开发无疑可以为目前尚处于比较落后的凉山经济，找到一个参与内地经济同步发展的现实的联结点。20世纪90年代，随着国内经济发达地区的发展，对资源的需求量将与日俱增。像凉山这样的民族地区就可能以资源供给者的姿态参与省内、国内乃至国际经济的大循环。资源开放部门将不仅为凉山经济的发展带来资金、技术、人才等，而且还可能带动地区经济的全面发展，由此，资源开发部门就可能成为凉山经济起飞的主导部门。

这并不是说像凉山这样的民族地区注定是走转让资源、以地区经济结构畸形化来换得发展的"第三世界"发展道路。实际上，应该看到，在我国，资源富裕地区与资源贫瘠地区之间的关系，是一种社会主义经济生活中广泛存在的相互支援、彼此协作的关系，与世界贸易中发达国家与第三世界落后国家之间的那种不平等双边贸易关系是有本质区别的，不能混为一谈。何况从长远来看，在民族地区一旦确立以资源开发为中心的主导经济部门，通过它在经济发展中的"前瞻效应"（FORWARD EFFECT），"回顾效应"（BACKWARD EFFECT）和"旁侧效应"（LATERAL EFFECT），就会使相应有关部门从无到有，由小变大，进而带动整个地区经济的全面起飞。由于蕴藏在凉山地表下面的矿产资源对全省、全国经济发展所具有的巨大的潜在意义，以资源开发为中心的主导经济部门必将对凉山民族经济的起飞产生持久而强劲的推动力。

二、实施多层次的对外开放战略

凉山经济选择以资源开发为契机的外向型发展战略，其意义不单纯地表现为吸引一点外部资金。更深刻的意义还在于这一战略可能导致在凉山地区的经济与这一地区以外的发达地区经济之间，产生一种虹吸效应，使凉山民族经济的发展水平逐步向发达地区看齐，以资源开发为中心的主导经济部门有如连接凉山内外的一根虹吸管。因此，对外开放在凉山经济发展中的意义是不言而喻的。可以说，没有对外开放，就不可能有凉山经济的迅速振兴。

如前所述，实行对外开放并不是以廉价方式出让本地区资源，而是在保证民族地区经济利益的前提下，通过多种形式的经济与技术协作，达到互得互惠、携手共进的目的。在这样的对外开放中，来自其他发达地区的对民族地区的促进作用，具体表现在：（1）外地资金来本地区投资或联合投资开发，直接带来资金、技术、人才等，为民族地区增加现实的生产力。（2）外地资金的引入必然提高本地区的社会有效需求，不仅有利于增加本地区财政收入，提高社会就业水平，而且还可能带动地方工业的迅速发展，因为外地厂家来本地区投资开发，需要有相应的配套设施；同时，工业勃兴，人民收入提高，又会引起与人民生活相关的消费品工业、服务业、商业等的发展。（3）对外开放必将导致人们观念的飞跃，改变过去传统的封闭式的自然经济的陈旧思维方式，代之以现代的开放性的商品经济的新颖思维方式。这将促使人们解放思想，开阔视野，博采众长。特别是商品经济观念的引入，必然有助于提高民族地区人们的素质，从而对经济产生长远的潜移默化作用和影响。

应该看到，内地经济发达地区因地域不同，其经济发达程度也不同。省内一些地区可能不如省外一些地区，内陆地区可能不如沿海地区。民族地区的对外开放是多层次的，即不仅要对省内发达地区开放，而且要对省外发达地区开放；不仅要对沿海地区开放，而且还要对国外开放。开放的深度和广度对民族地区的经济振兴具有明显而直接的影响，因为民族地区与发达地区之间已有的经济差距越大，则虹吸效应越明显，民族地区经济发展与提高的幅度越大。

三、加快商品化进程

凉山民族经济的发展走以资源开发为契机的外向型发展道路，其重要特征还表现在不是把地区经济看作一个独立的封闭式系统，而是把全省乃至更大范围的经济视为一个大系统，而凉山经济则不过是这个大系统中的一个开放式子系统。作为一个子系统，凉山在大系统中发挥其应有的资源优势作用，与此同时，大系统的运动与发展势必带动子系统的扩张与发展，资金、技术、人才等将不断流入子系统，这样就实现了凉山经济这一子系统内外的物质与能量双向交流。这种交流以商品货币为其基本形式。应该说，这是由我国有计划商品经济的新体制决定了的。随着我国经济体制逐步由过去高度集中的传统体制向新的社会主义商品经济体制转变，生产要素的流动将采取商品货币形式，不仅在内地经济发达地区是如此，在民族地区也将如此。如果在凉山以外是发达的商品经济，而凉山则仍滞留于自然经济或半自然经济状态。那么，凉山经济就很难发挥其子系统作用，地区经济也就不可能迅速振兴。所以，实行外向型发展战略，是以加速凉山经济的商品化为前提的。

由于历史原因，凉山地区长期以来不仅工业基础比较落后，而且商品化程度很低。有资料表明，1988年全州农产品的商品率仅为34.1%，比全省的50.1%低16个百分点，而比全国的51.1%低17个百分点。凉山州每个农业人口提供的商品价值仅为174.09元，比全省每个农业人口提供的255.02元低31.73%；在凉山，有的地方农产品的商品率还不到25%，每个农业人口提供的商品价值不到100元。凉山大部分地区至今仍基本上维持着自然经济或半自然经济形式，与这种经济形式相适应的是，人们的商品经济意识淡薄、闭关自守、故步自封等自然经济观念较深厚。

商品化程度低是凉山经济发展的重大制约因素。一方面，商品化程度太低，势必会妨碍凉山地区内外统一要素市场的形成，从而不利于生产要素的顺畅流动，这就不能有效地实现系统内外物质与能量的交换，外向型发展战略因而失去其赖以实施的具体途径，对外开放也就无从谈起。另一方面，从凉山地区内部来看，商品化程度太低，即便以资源开发为中心的主导经济部门一时发展起来，它也不可能通过传导机制，带动其他部门和行业的发展；没有市场作用，主导部门的前瞻效应、回顾效应和旁侧效应就很难发挥出来。而如果没有其他部门和行业的发展，主导经济部门一马当先的局面也不可能持久，整个地区的经济仍然不能真正起飞。

可见，加快商品化进程，是实施凉山经济的外向型发展战略的重要组成内容。

四、进一步深化经济体制改革

提高商品程度，推动市场化，要发展生产，提高劳动生产率，特别需要进一步深化改革。

凉山地区商品化程度比较低，首先是这里低下的社会生产力水平所决定的。凉山广大山区，生产工具总体上仍较粗陋，劳动生产率十分低下；在一些高山寒带甚至还有原始的刀耕火种。为此，需要在政府的扶持和帮助下，利用丰富的山地资源，大力开展多种经营，发展商品生产，增强其"造血"功能。另一方面还应该看到，过去僵化的传统经济体制在很大程度上也抑制了凉山民族经济商品化的发展。要为凉山经济的起飞创造必要的体制条件，需要对过去那些不适应商品经济发展的管理制度进行改革，既需要重塑企业经营机制、劳动力优化配置机制，又需要逐步转变政府职能，健全财政、银行等业务部门的管理职能；同时，还需要积极培育和完善市场体系及其功能。

围绕提高商品化程度、发展商品经济这一内容，经济改革首先就要创造培育真正的商品生产者的体制条件。这不仅包括增强现有企业活力，健全企业体制，使企业成为自主经营、自负盈亏、自我约束、自我调整、自我发展的真正的商品生产者。而且，还包括根据国家有关政策，适当允许和鼓励个体经济、私营经济、民间合作经济的发展，造就多样性的商品生产主体。此外，还要加强市场体系的培育和组织管理，努力消除各种人为的关卡壁垒，改变市场封锁、条块分割等状况，推动生产要素在企业之间的流动，促进统一市场的形成；既要充分发挥国家商业、物资和供销社的主渠道作用，又要进一步发挥集体商业和个体商业的作用。总之，深化经济体制改革，确立有计划商品经济的新体制和运行机制，是加快商品化进程，促进凉山经济进一步发展的前提条件。

在建设有中国特色
社会主义理论指引下走向未来[①]

党的十四大确立了以邓小平同志的建设有中国特色社会主义理论为我国整个现代化过程的指导思想，全党全民将在建设有中国特色社会主义理论旗帜下，同心同德，奋发图强，振兴中华。

回顾我国社会主义建设近44年的巨大成就，以及近年苏联、东欧剧变，世界社会主义的风风雨雨，人们的确深深感到，没有革命的理论就没有革命的胜利。

半殖民地半封建的中国如何进行民主主义革命，如何从理论上解决这场革命的性质、动力、领导方法、政策等问题，关系到革命的成败。一百年来的中国民主革命就曾经历过长期曲折的发展，有过多次挫败，付出了巨大的流血牺牲，只有在毛主席提出了新民主主义理论之后，只有在全党确立这一理论为指导以后，革命才走上胜利的道路。

在经济落后的东方国家，无产阶级夺取政权后如何建设社会主

①　原载《四川统一战线》1993年第1期。

义？这是当代历史发展中提出的一个全新的课题，这一问题不能从书本中去寻找现成答案，而只能依靠人们在实践中进行探索，从实践中去形成理论和找出科学答案。但是实践表明，建设新社会远比破坏旧社会复杂得多，可以说，如何建设社会主义的问题，中国迄至1978年前是未曾在理论上得到解决的。社会主义国家曾经流行下述理论：阶级斗争为中心论、纯社会主义论、社会主义产品经济论、计划经济论、一国建设共产主义论等。这些理论并未能反映经济不发达国家建设社会主义的客观规律，而且在实践中给社会主义建设带来许多消极的影响。我国20世纪50年代中期以来，由于存在盲目的照搬本本，照搬他国模式的思潮，因而各项工作也受到上述理论的影响。特别是50年代的"共产风"和此后"文化大革命"的"十年动乱"，使我国社会主义建设出现大曲折，使社会主义经济的发展受到阻滞，使社会主义的优越性未能得到充分表现。

1978年党的十一届三中全会，标志着中国社会主义发展的根本转折，在小平同志倡导下，十一届三中全会指出解放思想，实事求是，把马克思主义与中国实际相结合，指出了实行改革、开放、搞活。此后，实行了以公有制为主体的多种所有制结构，以按劳分配为主的多种分配结构和一整套搞活经济的新的方针政策，特别是在理论上确立了社会主义初级阶段论、社会主义商品经济论。近14年的中国不仅改革开放硕果累累，而且形成了科学的改革理论。小平同志指出和集中阐述了建设有中国特色社会主义的理论，这一理论在实践中不断丰富和发展，特别是1992年初小平同志的南方谈话，使这一理论越加完备和系统。

小平同志阐述的有中国特色社会主义理论，从中国实际出发，体现实事求是精神。小平同志的论述不拘束于本本，敢于破除陈旧的理论，既坚持马克思主义，又敢于突破陈规，不仅仅体现了大胆的理论创新精神，而且体现了伟大革命家的气魄。小平同志指出和阐述的关于计划与市场和社会主义市场经济的理论，是社会主义经济理论的意义重大的突破和创新。它扫清了这一问题上多年存在的、使一些人困惑的认识迷雾，使人豁然开朗。这一理论创新为我国实行社会主义市场经济体制奠定了思想基础。而由计划经济体制转到市场经济体制，是我国改革的最重大的步骤，是我国搞活经济，加快发展的唯一之途。

党的十四大是用建设有中国特色社会主义理论来武装全党全国人民的大会。小平同志的建设有中国特色社会主义理论，经过14年实践的检验，通过我国20世纪50年代中期至1978年和此后14年的状况的比较，通过中国和国际社会主义国家情况的对比，全党全国人民在今天一致认识到这一理论的重要性和正确性。十四大对小平同志的理论的指导作用高度评价和确认，将起到统一全党全国人民的思想的作用，鼓舞人们投入改革开放的大业。我们已经找到了建设社会主义的科学理论，已经形成了正确的路线、方针、政策，前进的道路已经拓开，我国社会主义不断获得新胜利是无可怀疑的。

出路在于搞活机制①

在绿荫如盖的西南财经大学校园里，西南财大名誉校长、省政协副主席刘诗白教授与记者谈及如何正确认识当前我省经济形势时说："高速度、紧运行就是我省当前经济运行的特征。从整个经济讲形势是好的，但问题也是严重的。经济生活中的困难集中表现为资金紧，而企业则首当其冲。"

记者：好像我们的经济生活总是紧绷绷的，请你谈谈怎样认识这个问题。

刘诗白：是的，20世纪80年代我们一直是在紧中过来的。1992年经济高增长加强了紧运行。紧是有限度的，过紧了会出问题。当前的矛盾是体制与机制的问题，我们现在是新旧体制共存，缺乏自我调节功能。特别是金融体制改革滞后，造成银行信贷、资金供应不能适应高增长需要，中央银行调控功能薄弱。如果调控及时，办法得当，是可以在紧运行中高速增长的。

---

① 本文是《四川日报》记者何光斑对刘诗白教授的访谈录，原载《四川日报》1993年8月24日。

记者：计划经济强调按比例，但主观成分很大。市场经济讲价值规律，市场供求，但整个经济的协调发展却仍是有比例的，只是这个比例是客观的，需要我们去把握。

刘诗白：对。高速度是要按比例的，只有按比例发展才能高速度。比例有许多，如速度与资金、能源的增长，与交通运力的增长，与基础原材料的增长之比等，这些比例失调，其表现就是价格上涨。生产资料价格今年持续上涨就反映了速度与这些要素的供给失调。这里，政府宏观调控的作用就十分重要了。当前要采取各种措施来协调比例，物价的上涨要控制在社会能承受的范围之内。

记者：具体到我们省，各种经济发展的要素怎样才算比例协调呢？

刘诗白：我看是两个方面的问题。一是要注意发展的模式，走高速高效的路子。这就要搞好产业、产品结构的调整，加快能源、交通这些瓶颈要素的发展。二是发展要由速度型转向效益型。要讲求经济增长的质量，资金应投向那些技术含量高、产品质量好、产业结构优的企业。这就是所谓"紧中求活"。四川经济要研究发展模式，要由粗放型转到集约化上来，由外延型转到内涵的扩大再生产上来。

记者：调整产业结构，优化基础工业的发展，适当控制加工工业的发展，这并不是一个深奥的理论问题，但却总是很难做到。

刘诗白：这里有很多经济因素的制约。如基础产业产品价格太低，影响了积累和发展的积极性。加工工业是近期利益，投入少，盈利大，周转快，资金便自发地往这里流。需要用新的改革措施加以解决。

记者：还有个地方利益在里边。

刘诗白：在现行的财政承包体制下，当然就有地方利益驱动。把资金投向"短平快"的加工工业是很自然的。

记者：该怎么办呢？

刘诗白：财政体制改革任务很艰巨，出路是分税制。从目前来说，政府要加强宏观调控，引导企业贯彻产业政策，用经济的手段扶优汰劣，对需要发展的基础部门给予政策倾斜。四川是可以在自己的能力范围内采取一些措施的。我省有许多国有大中型企业，关系到四川经济发展的后劲，因此一定要有政策上的倾斜，放水养鱼，让企业休养生息。20世纪90年代我省经济发展的后劲就在于把基础设施、经济发展的硬件搞上去。这当然是很困难的，所以要用改革的方法、新的措施来加快基础设施的发展。

记者：我们现在一方面资金十分紧缺，另一方面有人又在盲目地上一些项目。

刘诗白：这反映了我们的经济机制不合理。因素很多，如市场不成熟，企业改革不到位，地方利益驱动，等等。于是，一加快发展就盲目上项目，出现产业结构重构。解决经济机制问题，政策上要加强宏观调控，省要搞好调控，一个县也要规划指导自己范围内的建设。市场经济并非不要宏观调控，而是说要多用经济的手段。但现在经济手段又软弱无力。要克服当前的困难，必须解决经济机制问题，解决两种经济模式的共存和摩擦。要引导企业更好地发展，引导经济更好地发展，现在我们还缺一个健全发展的市场经济机制。中国经济要走出发展中的循环和困难，得着眼于改革。就我省来说，当然要发展，但根本的是要抓住机遇，在深化改革上下功夫，搞好我们的企业、市场、宏观调控机制，建立健全社会主义市场体制。当前，要把这项工作放在各项工作的中心地位。我们搞什么工作都要着眼于形成市场经济新体制、新机制。这个新体制、新机制把企业变成市场主体。企业"四自"就是一个良好机制，发展什么、上什么，企业会审慎地决策，不会把钱花在低效、无效的生产上。

记者：但是，现在政府职能转换滞后，企业机制转移是很难的。

刘诗白：这叫"三连环"：企业、市场、政府。我们这个改革是"三连环"的改革。企业是改革的核心，市场是基础，政府职能转换是条件。一个地方的经济上不上得去，不完全在于资金，有了好的机制，钱就会来的。搞活机制就是要建立新的企业模式，不仅是转换机制，还包括产权结构。要改变模式转换机制，建立法人产权制度。把企业机制搞活了，它就会自行调整。企业不活，有什么事它就望着政府哇哇叫。所以，根本的出路在于搞好体制，搞活经济机制。在加强宏观调控解决经济困难的时期，仍然要把搞活经济机制放在中心地位。越是宏观调控越要加快机制的转换，这是有历史教训的。

模式转换需要加快[①]

　　解决当前经济运行中出现的若干问题，关键是要把原因找准，然后对症下药，靠加快改革根本解决问题。这是我们分析当前经济形势的基本出发点。

　　今年以来，由于我国经济运行中出现一些矛盾，如房地产、物价上涨较快等，中央加强宏观调控是必要的。另一方面，我国当前正处于经济高速增长与新旧体制并存的关口，新体制尚未完全建成，自我调控能力不足，旧体制弊端又如幽灵般不时作祟。在这种情况下，经济高速增长过程中出现矛盾和问题也是必然。同时，当前我们面对的是作为模式转换时期必然产物的具有周期性的通货膨胀。从1978年以来，目前是第四轮。尽管各次的情况不一，大致表现为平均三年一次小周期。具体地说，是三小波一大起伏。1980～1982年，经济发展出现一小波；1983年发展加速，信贷扩张，1984年发展到高峰，1984年进行整顿，这是第二波；1988年经济高速增长，物价上升到双位数，治理整顿开始，是第三波；1989年经济开始下滑，出现一次大起伏。

---

① 　原载《改革时报》1993年9月21日。

经济发展中的波浪式起伏是必然的，但问题在于，必须正视模式转换时期经济的不良循环。要看到，这种循环表现为大起伏、短周期，对经济发展显然是有害的。

导致我国经济发展过程周期性的根本原因是改革没完全到位。这主要表现在：一是促膨要素来源于企业自身的投资饥饿和消费膨胀。由于企业负盈不负亏，不能自我约束，投资和消费上就容易产生短期化倾向。对此匈牙利经济学家科尔奈在《短缺经济学》一书中有精辟分析。二是企业外在的约束力。由于统一市场尚未形成，企业兼并、破产等正常的市场机制作用乏力，对企业行为缺乏外在约束。于是，企业自我消化功能不足，产生了成本转嫁，在原材料价格上涨时，便引起物价递次上涨，这在当前表现较为明显。三是产业结构调整未到位。1992年以来，我国经济运行中瓶颈现象加剧，基础设施与加工工业不协调，在高增长中原材料供应不足，物资短缺，运输紧张，原因就在于受现行体制约束，结构调整不动。四是财税、金融体制严重滞后。在财政包干体制下，中央财力难以得到充分保证，该收的收不上去，各种开支又日益增长。"财政有赤字，银行发票子"，结果促进了通货膨胀。加上我国银行缺乏独立性，调控货币的功能软弱，而专业银行的政策性职能与经营性职能又集于一身，这不仅使各种批条子贷款、人情贷款等难以避免，同时由于房地产、股市过热，更进一步促发了银行的信贷扩张。

正是由于在模式转换过程中存在以上一些促膨因素，一旦经济过热，便容易较快地出现通货膨胀。尤其在当前，我国面对的是机制不健全促发和催化通货膨胀所产生的问题。因此，经济高增长过程中出现矛盾的根本原因在于模式转换时期的双重体制并存，只有找准原因，对症下药，加快改革，尽快向新体制过渡，才是治本之途。正如中央6号文件所言，调整的目的是要深化改革，通过改革，形成一个经济良性循环的市场经济新体制，这就抓住了问题的根本。

值得注意的是，在经济发展，特别是经济模式转换过程中，波动虽然是难免的，但波动不宜过大。要搞长周期，小波幅；不要大起大落，频繁调整。在这方面，一些国家的经验值得借鉴，如美国、德国等，20世纪60年代以来经济周期就明显加长。所以，当前我国加强宏观调控，实行必要的紧缩要解决好力度恰当的问题，避免因紧缩过猛而负效应过大，从而付出不必要的代价。

加快大西南出海通道建设速度①

一、充分认识加快大西南经济发展的重大意义

大西南各省区自中华人民共和国成立以来在经济建设和社会发展中取得重大成就。1978年以来这个区域的建设获得势头，特别是去年在小平同志南方谈话后，改革深化，开放扩大，经济加快发展，形势大好。但较之东部沿海省区，这里表现出增长滞后。1992年和1993年广东、上海等地工业总产值以50%~100%的高速增长，四川1992年工业总产值增加22%，而且这个地区经济发展中困难日增，能源、交通瓶颈十分显著。此外，有限资金外流，在今年加强宏观调控后，许多企业流动资金紧缺，造成一些企业限产，生产与效益下滑，情况是严峻的。

在我国20世纪90年代经济持续高速增长中，大西南内陆省区经济发展中正面对着重大困难和制约因素。如果不及时采取措施，缓解这些制约的因素，我国东部与西部，沿海与内陆的地区经济差距和人民

---

① 原载《四川政协报》1993年10月10日。

收入差距将会进一步扩大。考察中，我看到广西一些地方群众还相当穷，和四川盆周一些发展滞后地区一样。东西部差距过大，会加剧各种经济、社会矛盾。近年来出现的500万"川军"大举外出，一方面是好事，另一方面也使我们四川人内心不安，它表明内陆地区经济发展不足，难以吸纳农村剩余劳动力。因此，对于加快大西南经济发展，我们应有紧迫感而且还应有危机感。大西南经济的加快发展，关系着我国东部和西部区域经济关系的理顺，使其互促互补，从而加快我国国民经济整体的发展。我认为，全国各地、各方面均应看到大力促进大西南经济发展的重大意义和迫切性，希望国务院对大西南经济发展予以更大关注。

二、大西南经济发展的两重障碍

西南经济区经济发展总体上存在着两大障碍。第一是体制上的障碍。这就是：在这个多民族聚居区域表现得更加显著的自然经济、产品经济结构，成为更顺利地发展社会主义市场经济的体制障碍。第二是交通瓶颈。这个地区交通设施十分落后，成为搞活市场流通、发展外贸、引进外资加快发展的物质障碍。交通难，在这里较之全国其他区域，表现得更为突出。对上述第一个矛盾，我们应通过深化改革、扩大开放来加以解决。对第二个矛盾，我们要通过大力搞好交通建设，特别是出海大通道建设，贯彻"交通先行"来加以解决。

三、大西南经济发展的模式选择

大西南经济发展存在着两种模式。一是常规发展模式，这就是在现有条件下，逐步发展，逐步扩大外贸，逐步与国际经济接轨。二是跳跃式发展模式。这就是以开放促改革，以开放促发展，大力发展外向型经济，迅速与国际经济接轨。后一发展模式是西南内陆地区经济快速发展之途、人民较快脱贫和走向富裕之途。大西南要选择和走后一条道路，要较快实现经济转型，把封闭式的内陆经济转变为开放式的外向型经济。当前，发展外向型经济机遇良好，机不可失。因此，加快建设一条出海大通道的意义就是最重要不过的了。

四、建设出海大通道要采取切实的措施

建设西南出海大通道的任务已经提出，大方向已经明确，当前要科学设计和加以落实。大通道以广西北部湾为出海口，北海、钦州、防城面对天然良港，港口、码头、铁路、公路建设已有基础，条件十分良好，建设大西南出海通道大有可为。西南各省区都应共同努力，来建设一条大通道。

为了真正建成西南大通道，还要加快各省区有关道路建设。就四川来说，交通壅塞日益加剧，物资积压，铁路年运出量约500万吨，只占需运物资的40%，运入量只占需运物资的60%。解决四川运输问题，需要东线充分利用长江；要拓宽北口，建设宝成路复线；要扩大南口，修通内昆路，安边至树舍段（355公里）。我们建议此项建设列入"八五"规划，与南昆路同步建成，这将使四川的矿石、钢材等原材料滚滚南下，南昆路也将不愁运输任务不能饱和，同时也才能使今后北海、防城、钦州港得到充分利用。因此，应该着手制定包括东西南北在内的铁、公、水、航的西南大通道规划。将它纳入国家和各省区的建设计划，使这一建设得以配套，发挥运输投资效益。

五、加大国家投入

西南大通道是国道，理应由国家投资建设。大通道投资数量很大，但是，就它能对占全国人口1/4的大西南地区发挥强大经济振兴效应来说，这个投入是必要的。何况对于大西南省区来说，多年来国家投入不足，出现西部地区与东部地区在发展机遇上的不均等。例如近年来，四川的生产总值占全国的6.75%，而国家每年投资仅占全国投资的5%。就广西来说，国家投入更少。对西南出海大通道建设不能说既要干，又不拿钱。财政有困难，希望挤一点出来。我们长期交通先行不了，这是造成当前交通瓶颈严重的原因。

六、通过给政策，依靠改革开放筹集资金

当前国家财力有限，难以满足大通道建设的需要。但国家给政策，通过各种有效改革措施和以优惠政策吸引外资，是可以筹集起建设资金的。在这方面的政策，《纪要》中已经列出。我认为，金融改革在筹集资金中是大有可为的。川、云、贵等五省区银行存款和居民手持现金估计2000亿，如果吸收5%用于建设债券，每年可筹集100亿资金。因而，加快金融改革，发展金融市场和推进股份制，已经是迫不及待的事。此外，给予各种优惠，大胆吸引外资来修路，也是大有可为的。

七、实行大通道建设和区域经济发展、产业开发相结合

我们要以路促路，以交通建设带动经济建设，又以经济建设促

路、保路，特别是对于大通道这一项需要进行许多年的、跨世纪的交通建设，如不密切与地区经济发展相结合，以大西南经济的发展为依托，是难以顺利进行下去的。

大通道建设将促进大西南区域经济的形成和发展，我们应自觉掌握这一趋势，当前要更加重视推进西南各省区的大协作、大联合，要研究制定10年内各省区发展经济横向联合的规划。例如，联合开发能源、充分利用西南丰富的水利资源；在钢铁、煤炭基地建设中进行协作，充分发挥攀钢、重钢、酒钢、昆钢、柳钢的生产潜力，形成大西南煤钢基地——中国的鲁尔；在机械工业以及重化工业发展中加强协作和发展联合，沿海地区首先发展是轻工、电子，产业结构较轻，西南内陆要以开发自身有优势的大工业，形成以能源、基础原材料工业、重化与机械工业为骨干的产业结构，发挥大西南内陆地区的经济优势。

上海——台湾：如何寻求最佳联结点①

一、世界经济最富有活力的地区

规划上海的发展，要密切结合与适应亚太经济发展的总形势。当代世界一方面经济国际化日益发展，另一方面，在各国经济竞争与市场角逐日益激化的条件下，经济区域化的趋势十分明显。在亚太地区，日本正谋求全方位的向外发展；东盟五国早已组织起来，加强经贸联系，构筑东盟自由贸易区；克林顿实行战略东移，力图为美国企业开拓亚太大市场。

特别引人注目的是，近年来香港、台湾与大陆沿海经贸关系的迅速发展，港台产业资本不断向大陆转移，一个以港、台、大陆沿海地区组成的经济圈——中华经济圈——正在逐步形成。1993年在李光耀倡导下，新加坡资本大举进入中国，投资200亿美元，建立占地70平方公里的苏州工业园区，这一动作扩大了大中华经济圈的内涵。

大陆、香港、台湾经济区以其在亚太所处的有利的地理位置、经

---

① 原载《上海经济研究》1994年第8期。

济实力和社会结构，以及中华民族的同文、同语、共同文化固有的内聚力，使它具有突出的区位优势。人们看到近年来大陆、香港、台湾之间加强了经贸交往、经济合作和用各种形式进一步在经济、产业相联结，这个地区经济出现了持续的高增长，成为世界经济最有活力的地区。

上海—香港—台湾是中华经济圈的内圈，是大陆、香港、台湾经济联系的核心三角带，这个金三角经济交往和经济联结的发展，将为大陆、香港、台湾经济的发展提供强劲的动力，并且有力地促进亚太经济持续地增长。对于这一点，我们应该有充分的估计。显然地，我们应该坚持不懈地致力于这个东亚金三角经济地带的形成和发展，这不仅仅是就全国来说应该采取的一项重要的经济长远发展战略，而且也是实现上海经济发展目标应该采取的一项重要的战略方针。

二、培育、巩固沪港台经济金三角

香港1997年回归祖国，澳门1999年回归，东亚经济金三角的进一步发展，系于祖国的完全统一。而祖国的顺利统一，又系于两岸及上海、香港、台湾经贸关系的发展和经济的交融联结。海峡两岸关系的顺利解决，关键在于推进经济的交融和产业的联结。

台湾经济多年高速增长，外汇储备1993年达860亿美元，仅次于日本，但劳动力成本不断上升，土地价格畸高。此外，资源不足，加以政治动荡，投资环境越发不利；而大陆则拥有市场、资源、劳动力成本低等优势，因而两岸在经济上具有很大的互补性，发展互利互惠的经济交往和产业联结，有利于两岸双方的发展。1987年以来，两岸经济交往加快了步伐，1993年双方进出口贸易达70亿美元，来大陆投资的台商不断增多，1992年呈飞跃式发展，不仅在沿海福建、广东投资办厂，而且深入到内地四川等地投资。台湾核准向大陆投资1991年仅有1.7亿美元，1992年为2.4亿美元，1993年1~10月为8969件，共28亿美元，协议投资达70亿美元，计7500家。据台湾"行政院"统计数字，1993年对大陆投资占台湾对外总投资的68.5%。可见，大陆已是台湾投资者的首选之地。

台湾某些人士在向外投资上，主张实行三个战略：一是与美日联盟，二是南进东南亚，三是西进大陆。李登辉更是提倡南进。但1987年后，台湾到大陆进行贸易和投资逐步成为主潮，表明了东亚中华经济圈区位优势这一经济规律的不可违抗的作用。

台湾在经济上与大陆进一步相联结，在政治上走两岸统一之路已是大势所趋，但是这一过程仍然受到政治因素的严重阻碍。"千岛湖事件"后，台湾与大陆交流、合作受到一次破坏和逆退。这也表明，为了促进大陆、港、台经济区的形成，我们既面临大好机遇，又存在严重挑战，而当前正是关键时期。我们应采取切实有效的措施，创造充分条件，大力加强两岸经贸联系，吸引台湾产业资本与金融资本移入，加强大陆、台湾间的产业、经济联结，以促进中华经济的更有力的增长。

三、经济联结有利于上海的发展

加强上海—台湾的经济联结，也有利于上海发展目标的实现和作用的发挥。这是由于：

第一，1984年上海出现第一个台资企业后，台商越来越看好上海。据报载，迄至1994年5月底，台商在上海的投资项目已有1700个，协议利用台资32亿美元，投资项目和投资额均占上海外资企业的20%，台湾100个财团中近1/4在上海有投资项目，投资为13亿美元，其中汤臣集团在浦东新区拥有11个项目，投资额为6亿美元。目前，台商在上海投资居向大陆投资的第4位（广东、深圳、厦门、上海），今后很可能跃居前列。

第二，近年来台商在大陆的投资，主要是劳动密集型产业，集中于轻工、食品、电子、电器等行业。根据有关统计资料，1993年1~10月总投资中橡塑制造占25%，食品及饮料制造占10.2%，电子及电器制造占13.4%，纺织业占5.5%，基本金属制品制造占8.1%，化学品制造占5.8%，其他行业占41.6%。台湾制鞋、玩具、塑胶制品生产几乎全部转移到大陆。在上述工业领域，以及农业、生物工程等领域，台商拥有新兴科技和实用技术、市场营销等优势。引进台资有利于促进上海传统工业和农业的技术改造和发展。近年来台资进一步转向贸易、房地产等领域，台商对投资金融领域表现出浓厚的积极性，加大引进台资的力度，将有助于上海的三个中心的形成。

第三，台商在长江三角洲的投资近年增长很快。1991年江苏省1000万美元以上台资项目仅有5个，1994年3月已增至98个。迄至1994年3月，江苏省台资企业总数已有4030家，投资额近75亿美元，其中台商协议投资额为45亿美元。浙江省的台资项目近1800个，投资总额近33亿美元，1993年台商在浙江省投资16.6亿美元。近年来台资开始由沿海转向长江流域各省和内陆地区。内陆大省四川的台资企业已达900余家，温江占地9平方公里的台资开发区正在加速建设。可见，加大台资在上海的份额，特别是在上海引入台资银行，扩大其金融服务，就能进一步促进台商投资在长江流域的扩展，这也将是上海发挥"龙头"作用的一种形式。

第四，台湾近年来由于国际市场竞争日趋激烈，岛内投资环境不佳，经济增长放慢，1994年第一季度，台湾经济增长率为5.9%，落在新加坡、韩国之后（新加坡为11%，韩国为8.8%）。1993年台湾增长率5.9%，次于新加坡的9.9%，居第二位。1994年5月台湾进出口出现逆差5.6亿美元，为13年来第一次。为了防止产业"空心化"和适应GATT及亚太经济协作会的要求，台湾提出"亚太营运中心"的目标，主要发展仓储及航运业，金融保险业，区域营运公司，制造业发展中心，进出口贸易，律师会计师顾问服务，咨询及通信，以及提供区域内服务相关行业。通过调整岛内产业，促进经济进一步自由化，扩大台湾在亚太的金融和经贸活动，力图成为"中心"。尽管"亚太营运中心"的说法和做法，还有待于进一步加以观察，但它表明当前存在着大陆、香港、台湾的激烈的经济竞争，上海在参与亚太和国际经贸活动中面临着挑战。另一方面，"亚太营运中心"表现出来的经济自由化和金融国际化的发展，也将为上海与台湾进一步加强发展金、经、贸关系提供更广泛的途径。因为，台湾为了扩大国际贸易，发展与大陆的"直航"就是势在必行的，台湾为了扩大在国际金融中的地位，放松对有关大陆金融活动的管制就是客观必要的。可见，尽管两岸经贸关系的发展，目前还面临着政治上的困难和干扰，但确实也存在良性发展的机遇。

总之，在对外全面开放、引进中，加强引进台资，实行上海—香港—台湾更紧密的经济联结，对上海的发展至关重要。基于当前的形势和机遇，因势利导，积极推动，上海就有可能主动促进两岸金融、贸易、经济关系的发展，并由此加强上海和发展上海。

四、两岸经济联结的最佳结合点

加强两岸经济联结，就大陆来说，要进一步对台扩大开放，积极引进资金、技术，利用台商的管理、营销经验、信息，要引进台湾产业资本和金融资本，使之移入和使用于大陆的广泛的经济领域。但是两岸经济长期持续相联结必须是立足于优势互补、互惠互利、共同发展的基础之上，因而，要寻找一个双方"兼利"的结合点。

目前台湾在大陆投资呈现出以中小企业为主，以劳动密集型企业为主的特征，相当一部分企业是"三来一补"的装配加工。统计资料表明，1993年1～9月台湾当局核准的26.9亿美元大陆投资，平均投资规模只是30.6万美元。当然经济不发达国家，在引进外资中，往往要经历一个外资最初投向劳动密集型产业、逐步转向于技术知识密集型产业的发展过程。就上海来说，将国际产业资本引入传统中小工业和郊县农业的广大领域，建立和发展技术较先进、质量好、效益高、创汇多的现代小企业，是当前所必需的。这也是吸引台商来上海投资所必要的。

但是，人们完全可以采取措施，促使国际产业资本投入由低产业向高产业"升位"。就上海来说，经过中华人民共和国成立后十几年发展，已经建立起一批像宝钢这样的国有大中型企业。为了开发浦东，发展上海基础设施，发展支柱产业，上海需要发展一大批耗资巨大的大工业、大建设项目。因而，吸引更多台资投入于高技术产业和具有规模效益的大生产，就是十分必要的。为此就需要采取措施，促使台湾产业资本移入大陆和投放于技术、知识密集型产业中去。

台湾当局想实行"留根"本岛方针，把技术先进、附加值高的产业放在台湾，把次要技术、低层次产业转移到大陆。台湾的一些大企业，也对"产业空心化"心存顾虑，害怕经济上对大陆依赖增大和大陆产业升级后造成对台湾企业的竞争势态。因而，一些人长期以来大力宣传劳动密集产业——大陆，技术密集产业——台湾的观点，认为这样才能使两方优势互补，他们主张在台湾、大陆间实行垂直分工，反对发展水平分工，这种理论实质上是一种"工业宗主国——农业殖民地"的殖民主义理论。

去年以来，在台湾各界展开的一场两岸产业分工关系的大讨论中，不少学者以及企业界人士，从求实态度出发，认为采取支持大陆的产业升级和现代化，在各个产业层次上与大陆产业进行合作，是有利于两岸长期的经济"互利互补"的。不少学者认为，在大陆拥有优势的那些高科技如新兴材料、航天工业、医药工业以及汽车工业等大规模生产中，进行两岸合作是可取的。事实上，不少台商基于比较利益，已经在高技术领域与大陆进行合资与合作生产。例如台湾一些电脑公司，为了使用大陆工资低的有利因素，已经雇用大陆科技人员和开发企业掌握的从日本获得的电脑技术。

可见，上海应大力进行产业结构除旧布新的调整。大力在浦西实行产业升级，吸引台湾产业资本转移到新兴产业中来。如果上海产业升级缓慢，造成台湾资本（以及国际资本）长期只是投于低结构产业、初级产品加工等领域，如同日本把四川芦山粗加工的中国红大理石运回本国精加工，取得高附加值那样，这就不利于上海经济的现代化。而且这种上海低层次产业、海外高层次产业的分工一旦形成，就会产生一种产业结构自我维持和凝固化的趋势，使低产业结构更难变化和升级，上海旧工业结构将难以改变，在复关后竞争更加激烈的条件下，不合理的产业结构带来的包袱将更为沉重，经济将难以翻身。不少第三世界国家在参与国际经济过程中都有这方面的痛苦经验。

可见，为了有效利用外资和台资，上海要加快制定和实施产业升级的规划，而不可贻误时机，这意味着传统工业的加快技改，转到现代先进技术基础上来，但在很长时间仍然是实行大中小企业相结合，城市国有与乡镇企业、非公有制企业相结合，技术上的先进与中间适用相结合。

我向政府提出三点建议：

第一，面向全球，全面对外开放的上海，在未来的发展中应该着眼于大陆、香港、台湾经济交融化的趋势，利用自身的区位优势，着力于上海、台湾间的经贸关系的扩大和经济、产业联结的加强，吸引和促使更多台湾产业资本移入上海、长江三角洲和长江流域。

第二，在当代经济高度国际化的世界上，资本市场上资金具有很高的流动性。资金的流向受到全球的、地区的政治经济状况的影响。目前正是一个关键时期，台资移入势头正旺，但也存在重大干扰和出现台资徘徊不进的可能性。我们除了要着力创造一个良好的政治环境外，更重要的是要大力改善投资环境，特别是制定引进台资的优惠政策，增强利益吸引和切实保障台商权益。在日本和西方资本大举进入大陆的当前，对台湾实行特殊政策不仅十分必要，而且十分迫切。

第三，为了吸引台湾金融资本和产业资本移入大陆，当前最重要的是消除两岸间的金融堵塞，要建立多种金融管道，开通汇路，推动两岸间多种方式的金融交往。为台商提供各种金融服务，促进台商在大陆扩大投资。鉴于台湾当局对两岸金融关系实行松动是大势所趋，我们应更加积极主动，采取更大胆措施，鼓励和推动两岸银行之间的联系，而在上海允许和及早建立台资银行，就是十分必要的。

抓住机遇　加快改革发展步伐①

　　我国目前正面临着十分难得的发展机遇。为此，有必要正确认识当前经济形势，充分看到我国经济高速增长的可能性，同时正确地估量当前高速增长中出现的矛盾和问题，做到心中有数。

一、抓住机遇，挖掘潜力，保持经济高速增长

　　去年贯彻小平同志南方谈话和十四大精神，全国形势很好，改革发展生机勃勃，举国上下热气腾腾。但也出现了一些新矛盾和新问题。如货币发行量偏大，信贷规模增长大；能源、建材等供应紧，价格上涨猛，交通运输畸紧；物价水平上扬，35个大中城市消费物价上涨达到双位数。对上述情况，人们的认识不尽相同。一些同志把"开发区热""股票热""房地产热"等一些经济发展中出现的热点，作为"经济过热"的例证。当然，也有同志认为，根本不应使用"经济过热"这个词；还有一种意见认为，完全不必去谈论"热与不热"，

---

① 写于1993年2月。原载《四川日报》1996年4月8日。

只应讲"改与不改"。我认为：

第一，市场经济运行中本来就会"有弛有张"，在发展高速、不断加码中也会出现总量、结构失衡，运行失控。"经济过热"就是指这种经济发展中的总量失衡、运行失控的状况，属于评价宏观经济的概念，当然，这是一种通俗易懂的概念。但是不能把我国当前群众积极性空前高涨，热气腾腾的建设中出现的一些盲目性行为或冒了头的"热点"，拿来证明整个国民经济过热了。

第二，1992年我国经济出现了前所未有和世界罕有的高速增长，不能将12.8%的超高速视为是"过热"的表征。经济过热是意味着超过经济承受能力的建设过量和速度过快。1992年的高速度是在几年低速后出现的，国民生产总值增长1989年为2%，1990年为4%，1991年为6.5%，1992年为12.8%，带有恢复性；沿海地区如广东、上海，甚至安徽等地的经济高增幅，体现了各地发挥自身潜力。何况就产业来说，在加工工业高速增长时，能源、交通、基础原材料等投入不足，发展滞后，第三产业发展缓慢，对农业抓得不力，扶持不足。就地区来说，内陆一些地区发展还正处在启动阶段，尚未形成势头；就企业来说，乡镇、"三资"、个体企业在发展中走在前列而国有企业殿后，还显得"冷"。可见，去年经济发展是几年慢步后的一次大跨步，是高速增长的启动期，发展还很不平衡，不少该热的环节和地方还未热起来。

第三，经济过热意味着需求过旺，总供求失衡。1992年迄今的情况是：社会商品供求差率大体正常，工业消费品供大于求，市场十分平稳，农副产品供应充足，农产品普遍难卖。建材尽管供应紧张，价格上涨猛，但市场机制的作用也在促进供给增长，有可能保持虽然紧却有供给之局面。物价水平有上升，但涨幅5.4%，属温和膨胀，它表明总供求大体均衡。

第四，经济过热意味着出现信贷膨胀，货币发行失控。去年信贷增长大，但控制在计划范围内，货币净投放增幅偏大，投放偏多，但是也出现了新情况：经济的市场化和货币化的发展，引起流通领域货币量的增大。此外，新办企业100万个，第二职业的发展，股市交易的扩大，等等，均使现金需求增大。因而，人们不能简单地把货币增量全部视为超经济发行。

我认为，分析国民经济发展势态，应该使用总量分析工具，剖析总投资量、基建总规模与物资供应的状况；总信贷量、现金增量与经济增长和流通的状况；总需求和总供给均衡或偏离、失衡状况、物价水平的涨落状况；等等。在进行总量分析时，不要和上一年进行简单的增长幅度对比，而要结合经济中的新情况和新变化来加以评判。进行总量分析主要着眼于总供求和结构是否均衡，估量均衡或失衡的状况，评判经济运行势态。基于上述要求来估量当前经济，可以这样看：经济发展势头迅猛但总投资、基建规模逾限不多，信贷货币增长偏大但总供求大体均衡，结构瓶颈制约加强、经济活动从紧但运行大体正常。如果要使用"热""过热"等概念，那么可以这样说：几年过冷的经济开始"热"起来，而且发展势头猛，热"度"有上升之势。

我国正处在新一轮高速增长的肇始期，还存在着快速增长的可能性和潜力，结合当前国内、国际条件，正面临着极其难得的良好时机。我们应该充分估量到加快发展的有利因素和可能性，切实抓住机遇，争取经济稳定、持续地发展，把发展进一步扩大到全国更广泛的地区，特别是向发展滞后的产业、行业扩展，向农业扩展，由此促使我国经济在20世纪90年代有一轮高速增长，使国民经济登上一个新台阶。对当前好的发展形势，切不可估计不足，在为加快发展创造较宽松条件上面，如保证已上马而又有效益的企业以必要的流动资金，适当扩大证券发行和企业的市场融资，增加外资银行，更多引进和利用外资等，不能畏缩犹豫，顾虑多端。至于那种不加区别地实行紧缩经济的做法更非所宜。

二、克服矛盾，防止过热，力争经济稳定发展

毋庸置疑，我们也应该清醒地看到高速增长中出现的矛盾：（1）基础设施、基础原材料投资不足、发展滞后，库存减少，使瓶颈越细，后者将越来越成为高速增长的制约因素；（2）结构调整缓慢，国有企业亏损面大，速度上去了效益却没有上去，财政面对赤字的压力；（3）信贷的过度扩大和现金的过多投放，加强了通货膨胀的潜在压力，带来物价水平的上扬，加以1992年投资高增长带来的需求拉动作用，还将在1993年和今后陆续表现出来。高速度会引起通货膨胀，是市场经济运行中固有的趋势，在我国现阶段新老体制共存和相摩擦中，这种速度——通货膨胀趋势表现得尤其明显。实行市场取向的改革，目前需要继续向地方、企业放权，微观的搞活和宏观管住难以做到相对应，经济活动的盲目性会进一步强化，从而将进一步强化高速增长中的失衡因素和膨胀趋势。可见，改革和发展中存在风险。这也就要求我们在推进高速增长中要注意防止"过热"，要切实采取有效措施来克服高速发展中的矛盾和内在制约因素。具体地说，就是：

第一，速度必须立足于客观条件，而不能一味地追求高速。当然，各个地方的发展速度不搞"一刀切"，但也不要在速度上盲目互相超赶。

第二，把速度快与质量好、结构优、效益高相结合。在当前要注意克服对市场需求缺乏充分调研，而劲头十足地搞产品老一套，低

水平重复建设的现象。要着眼于上质量、上水平，优化结构，提高效益，促进联合，形成批量。也就是说，在发展中既要重数量，更要重质量；既要有产值增长，更要有效益提高。这样才能做到发展又快又好，又有后劲。

第三，要搞好宏观调控。宏观政策要立足于促进质量提高，结构优化，效益增长，而不能只是着眼于促进产值增长。

第四，抓改革、促发展。我国经济中蕴藏的巨大发展潜力是否能充分地挖掘出来，高速增长中的机制性的障碍和膨胀趋势能否被有效地克服和缓解，经济过热能否有效地被防止，高速增长格局能否更长保持，关键在于体制的完善和机制的健全。以体制改革促发展，以转换机制增活力，是我国近十多年来经济工作中得出的一条最宝贵的经验。人们可以清楚地看到：1992年改革的深化，促进了大发展。社会主义市场经济的提出，使改革的目标十分明确，改革的道路也十分清楚，大政方针已定，关键在于落实。为了稳住和巩固1992年国民经济高速增长的势头和使它更好、更健康的发展，必须进一步加大改革力度，增加深度，扩大广度，使改革全面推进，不断深化，抓住大好时机，加快向社会主义市场经济模式转换的步伐。我们既要大力抓发展和开放，要立足于改革以促发展，以改革促高速和稳高速，而在当前，进一步使改革升温就是十分重要和迫切需要的。

引导西进　促进合作　强化互补[①]

一、对我国经济生活中出现的"西进"现象，应该予以充分重视并及时加以研究和阐明

我们这里讲的"西进"是指狭义的，即东部的企业单位、投资主体在西部进行要素投入、产业转移，指东部经济要素西移的各种经济活动，国外资本在内地投资不属于这一范畴。

"西进"尽管才开始出现，还未形成大气候，但是的确是一股新潮，我们应该对这一经济新动向充分予以重视，加以阐明。特别是在中央提出加快西部经济发展，缩小东西经济差距的当前，更需要从理论上阐明"西进"和在实践上推进"西进"。

① 原载《区域经济研究》1996年第3期。

二、"西进"是市场经济启动的东部生产要素西移，它体现了地区间产业布局和分工的调整

第一，东部经济实体在西部开拓的新举措，不是人们主观意志创造的，它产生于我国改革开放深入发展的新时期的具体条件的变化，反映了东西部发展中的新矛盾，适应于走向21世纪的我国国民经济健康发展的需要。

第二，在我国社会主义建设初期，曾经历过一次"西进"活动，1956年为合理布局生产力，加强了内地大工业建设。20世纪60年代的三线建设，以内地为投资重点，在西南地区投资达2000多个亿，推动了内地的铁道、重工业、军工建设，促进了西部经济开发和生产力的发展，但是由于第一次"西进"是在传统计划体制下，依靠行政力量配置资源，其种种缺陷也是十分显著的。

第三，20世纪80年代经济发展中出现了重心"东移"，这是由于实行市场取向的改革，由市场力量配置资源，特别是实行对外开放，沿海省市拥有区位优势，国外资本优先流入东部沿海地区，而内地则受着诸多因素制约，经济呈现"梯度"开发是难以避免的。再加之政府在政策上向沿海地区倾斜，在特区形式下赋予引资办厂的多种优惠，重点项目大量摆在沿海。改革开放启动时期的"不均衡"发展战略，取得了巨大成果，促使海南、广东、福建、浙江、山东等地经济迅猛发展。20世纪80年代末开发浦东，上海后来居上，呈现出一年变一个样，三年大变样的发展，而与此同时，西部地区尽管在实行改革开放中，使经济获得活力，加快了发展，但毕竟表现出严重的滞后效应，使经济发展中东西经济差距越拉越大，显示出"不均衡"发展中"超越限界"的负效应。

第四，区域经济协调发展，东西互补互促，在中国的社会主义建设中是至关重要的。在20世纪80年代经济发展中，曾经出现对内地的政策支持不够，如特区政策在内地延伸得过迟与不足（只有省级城市享有特区引资优惠），内陆沿江城市开放步子过小，内地体制改革步子受限（政策不如沿海地区宽松），价格政策不合理等。因而沿海地区加快发展中，内地承担了过多的代价，造成所谓"孔雀麻雀一起东南飞"。西部地区也采取保护主义，如地区封锁、计划调拨农产品、原材料截留等，表现出东西部经济摩擦的加剧。实践表明，过度的不均衡，过度差别扩大，必然削弱区域经济间的有机联系和互促，加剧地区经济矛盾与摩擦，这种发展中地区间的"相克"，既不利于西部，也不利于东部。

第五，沿海地区大发展中，很快出现了新的矛盾：资源匮乏，工资上涨，劳动力优势逐步丧失，盲目引进劳动密集型产业，带来市场饱和，销售困难。条件的变化促使沿海的一些企业采取了加强与内地的经济合作的发展战略，特别是投资回报率的下降，使聚集于沿海的资金要向外转移。早在1993年上海二毛就将目标转向成都，成功地与成都毛纺厂进行联合。深圳企业加大了在内地联合办厂的步伐，近年来深圳市已有100亿资金入内地，海口也同样出现"资金回流"，1995年上海更作出了一部分产业转移到长江流域的规划，并且已经开始在三峡库区（万县）与当地企业实行联合，实际生活中的确出现了要素（资金、技术、知识产权）向西部转移。

20世纪90年代的"西进"，是在市场经济机制下启动的，它体现了由市场力量配置资源。80年代以来的内地建设加快发展，交通条件发生变化，中心城市崛起，1992年后内地改革进一步深化，开放进一步扩大，这一切带来的投资环境的优化，内地逐渐增大了引进资金和生产要素的吸引力。一批先行的企业家首先将视野，进而将资金（技术）转移到西部，在于这种西部开拓的比较效益。

而西部的企业主管单位、政府所以主动而开明地打开了厂门、城门引进资金、技术，转让股权，与区外企业实行联合，在于"东引"有利于企业和地区的发展。东部地区要素内流，产业内移是采取合作组织有限责任公司、股份有限公司，实行并购等形式，而不是实行无偿支援，行政手段迁厂，刮"共产风"。依靠市场机制和市场经济的组织与经济工具来实现经济合作，贯彻了"互利"，有利于参与合作的一切主体，使合作成为双方自愿。"自愿""互利"这是新的"西进"能够得到扎扎实实开展的原因。

第六，有必要再次强调西部经济要在市场经济的组织形式和市场机制作用下实行合作，开展联合。加快西部发展，不能采取过去的老办法。对西部的同志来说，应该认识到不能单纯依靠国家"扶"、外地"帮"，希望"无偿支援"，更不可能希望于"劫富济贫"的手段，而要依靠双方自愿开展平等的经济合作，遵循价值规律和依靠市场作用。对西部来说，要以开明促进开放，求合作，促发展。

三、对"西进"的意义应该充分估计

"西进"的意义，可列举如下：

第一，有利于东部经济的持续、快速与健康发展。它是东部地区摆脱它面对的各种制约——原材料少、劳力贵、市场窄等的有效途径，是实现结构调整、产业升级的有效途径，是上海发挥"一个龙头，三个中心"功能的有效途径。如果说沿海一些省市20世纪80年代初以来主要依靠"大进大出"，实行"国际大循环"战略，使经济得到一次腾飞，那么，20世纪90年代中新的时期的经济态势，使"西进""西移""开拓"发展，成为一项不可缺少和十分有效、越发重要的发展战略。

第二，它是加快西部地区经济发展的有效途径。西部地区加快发展，无疑需要国家财政的支持，加快交通电信与城市基础设施建设，有计划安排一些资源开发项目；要实行扩大开放，引进外资。但是，鉴于国家财力和西部地区的具体条件，国家资金、国外资本的投入只能逐步地扩大，而拥有资源劳动力优势的西部地区，借助于东部加强合作，就可以以资源、市场换资金、技术，加快开放步伐。特别是西部一些省区拥有一大批实力不弱的国有企业，而这些企业正面临着改革期的困难，借助于东部地区的相关企业进行联合，就可以利用对方的技术、商品品牌、管理、营销渠道，从而盘活存量，形成市场竞争力，搞活一批国有企业。在西部地区加快发展中，应该不是只期望国家增大投入，上新项目，而应该着眼于盘活存量，因而大力加强与东部地区企业的联合，就是搞活国有经济一项实在而有效的对策。

第三，有利于整个国民经济的协调、稳定的发展。东西部的地区差别过度扩大和经济摩擦，已经是影响国民经济顺利进行和健康发展中的重大矛盾。它表明不能采取只依靠市场机制自发地配置资源的发展思路，还需要发挥政府调控；不能听凭地区差别的自发扩大和"不均衡"的畸化，要实行地区经济协调发展战略。因而推进"西进"，加强东西部产业联结，发展产业与区域分工，强化东西互补互促，成为保证新时期国民经济稳定、协调、健康发展的一项重要条件。

第四，有利于调整产品、产业结构，获得规模效益，加快支柱产业的形成。对于国有经济来说，"西进"采取的联合、并购、租赁、承包等形式，它能启动东部与西部的国有经济中的要素流动，促进企业大改组，完全有可能形成拥有规模效益的企业集团。它不仅仅有利于我国的拥有国际竞争的新兴支柱产业的形成，而且能实现支柱产业的地区合理布局。

第五，推动"西进"发展我国国有、集体企业之间的经济联合与合作，有利于当前搞好利用外资，克服片面的盲目的"资金"技术引进，特别是有利于保护和壮大我国的民族工业。

可见，"向西部发展"是一场实现东西互补、互促的地区间产业结构、企业组织结构的大调整，不仅仅是有利于参与者的个别企业，而且是有利于整个地区，有利于东部，也有利于西部，也利于国民经济全局。

四、政府要对"西进"大力支持和引导

"西进"不应停留在企业间自发的行为上，政府应该加以支持和创造条件，使其进一步发展，进行引导，使之健康发展。当前，政府要乘落实《国民经济和社会发展"九五"计划和2010年远景目标纲要》的东风，采取措施，制定政策，推动东西部地区的产业联结与经济合作。

第一，对我国今后的地区分工与产业、经济合理布局，进行深入调研，弄清在市场经济体制下的地区分工合作的规律，制定有关东西部地区之间的产业转移与地区间的经济合理分工的规划，并纳入有关地区的发展计划，有步骤地加以实施。使"西进"增大自觉性，减少盲目性。

第二，制定能有效鼓励产业地区转移的政策，主要是财政政策、税收政策、信贷政策，东部地区要对实行产业合理向外转移和产业升

级的企业予以财税的优惠，信贷的支持；西部地区要从财税以及信贷等方面对实行联合改组的企业予以支持和鼓励。实行有利于东西双方的税收上缴方法，要实行鼓励支持产业合理转移，企业科学改组，实行集团化的信贷政策。

第三，当前的要素内移是企业间的自主行为，东部有"内移"的主动性，西部有"内引"的积极性，双方的自主行为是立足于市场经济新机制。要促进"西进"，关键在于加快模式转换，形成要素向内转移的经济机制。为此，必须加大改革力度，加快建立起现代企业制度，要推进政企分开，切实放活企业。积极推动企业突破行政区划，跨地区进行联合、兼并、破产、参股、控股、承包、租赁以及托管，建立起跨地区的资产流动与重组的经济机制，发挥市场机制的配置资源的作用。

第四，"西进"的启动不可能依靠东部的"慷慨"和"倾斜"，而在于经济利益的吸引，因而当前应该努力构建"西部引力"。这就要在西部大力改善投资环境，大力发展交通，加快基础设施的建设，加快发展第三产业，进一步搞好城市的服务功能；要推出一批与东部进行联合的企业，不仅仅是弱势企业而且要推出强势企业，谋求强强联合；要大力发育市场，克服地区封锁，推进流通体制改革，增大西部市场引力；要大力发展教育，提高劳动力素质和经营者的管理水平；等等。

第五，长江流域联结我国东、中、西，是中国未来经济发展的增长主轴。要首先在长江流域推动"西进"，促进产业转移，逐步建立东西部地区间分工合理、互补互促长江经济带，充分发挥长江增长轴的作用。长江经济带的建设不应孤立地建设"龙头"和长江三角洲，而应实行首中尾并举，运转"腰身"，摆动"尾巴"，因而要加强和培育"西进"，大力发挥上海和东部省区对内地的辐射作用，要鼓励和积极实施沪蓉之间已经出现的产业转移与经济合作的举措。乘上海产业结构调整和三峡库区建设的东风，把长江流域的产业转移与经济合作进一步推进，使之成为"西进"的大通道。

第六，"西进"对西部地区来说，是实行大开放、大联合、大引进、大改组，这意味着原有的利益格局有大调整，一些人或主体会发生暂时利益与局部利益之失，而带来长远利益、全局利益之得。对西部地区来说，要破除传统的"封闭意识"，不能只看见"眼前利益"，要舍得以"让"出利益、市场权利求得发展，因而要有观念更新，以开明迎接"西进"，以开放发展，以合作求效益。能否实行观念更新，是"西进"能否开展起来的思想认识前提。

当前，深圳向内地的产业转移与经济开拓，京津唐向黄河中上流域的产业转移与经济开拓，鲁东向鲁西，山东向河北、河南的经济合作，也正在发展，因势利导，进一步推动沿海地区与内陆省区的产业联结与经济合作，使"西进"逐步形成气候，是有可能的。

我们面临着"西进"的形势和加强产业联结和经济合作的新时期，人们越来越加深了对西部宝地价值的认识，一场新的向"西部"进军正在开始，"西进"潮的形成是迟早的事，我们应适应大趋势，发挥主动性，促使它的到来。

首尾联动①

——长江经济带加强经济合作的有效形式

在今年3月召开的沪蓉经济合作研讨会上，我曾提出：应该重视我国经济生活中的新现象——"西进"，后者是指东部沿海地区的企业、单位、投资主体在中西部进行要素投入的各种业务开拓活动。我认为，这是一项很有潜力和正在发展势头的新流。因为，它是市场机制作用下的我国东西部产业布局和地区分工的一轮新的调整，体现了东西部经济的加强合作、互补互促。在《国民经济和社会发展"九五"计划和2010年远景目标纲要》（以下简称《纲要》）中提出了加快西部经济发展，缩小东西部经济差距，因而在当前积极引导"西进"促进东西部互补、互促是具有重要意义的事。

"西进"指的是东南沿海地区的企业在中西部，即内地的开拓和创业活动。目前在广东、江苏、浙江、上海以及山东等地区的一些企业，都开始了与西部企业的合作，用各种形式进行"异地创业"。尤其是上海和长江流域各省，特别是在近一个时期，上海和成都以及川

---

① 原载《四川金融》1996年第7期。

东三峡地区的经济合作，特别地引人注目，可以说，它对"西进"是一次新启动，对东西部经济合作是一次新促进。

跨越七个省的、贯通我国东西的长江流域是21世纪中国的经济增长主轴，搞好长江经济带的流域经济分工与协作，发挥地区间的互补、互促作用，无疑是推进我国的东部和西部地区经济合作的关键。

在长江经济带地域上跨度，加强区域间经济合作的方式多种多样，目前上海与长江经济带的许多地市、地区的合作已经迈出步伐。如何迈好步子，搞好合作、求得实效，需要研究的问题很多。我在这里着重谈一下"沪蓉合作"形式的特点与意义。

"沪蓉合作"是长江经济带的首尾联动式的合作。沪蓉二地位于长江流域，一东一西，一首一尾。"沪蓉合作"是长江中下游地区和长江中上游地区两大城市在产业上加强联结，在市场上互相开拓，在科技、管理上加强协作，在信息上加强交流。"沪蓉合作"在空间上是跨越几个省区的远距合作，它是长江经济带东西端互相合作，是体现东部和西部经济之间互促互补的首尾联动。

首尾联动所以能发挥东部和西部经济之间的互促互补的原因是：

第一，上海以其经济实力和区位优势，不仅仅是长江经济巨龙的龙头，而且在中国经济未来发展中要发挥龙头作用。它是中国东西经济联动的强力源，对西部经济能发挥最有力的带动作用。

第二，成都是在改革以来迅速崛起的西部重要中心城市。成都不仅已拥有可观的经济实力，而且它拥有"北联陕甘新，南联滇黔桂，西联西藏"的区位特点。成都以其川西平原天府之国的经济文化综合优势，特别是以攀西资源富集地区为腹地，拥有广阔的市场，低廉的成本，形成成都投资的比较效益。成都不仅仅是西部经济增长极（中心地带），而且是西部经济辐射源，它的经济增长将对我国庞大西部地区的经济发挥有力的带动作用，具有重大的政治意义和经济价值。

基于上述情况，体现首尾联动的沪蓉经济合作，意味着中国经济发展中东西联动的强力源和西部辐射源的结合，它会发挥对川、滇、黔、陕以及西藏等广大地区经济的带动效应，更强的西部效应，这正是沪蓉经济合作不同于上海和长江三角洲，以及上海和华中的经济合作的特点。

未来长江经济流域各个区位、经济区域之间分工合作的发展势态，将呈现出举龙头——上海与长江三角洲的合作，转龙腰——上海与华中的合作，以及摆龙尾——上海与长江上游的合作的多样形式。当然这一经济带的发展会呈现出梯度推移，即以上海为始点，由近及远，逐步向西部腹地转移。但也会呈现出远距合作，跨越式地发展多方面的产业、商贸等交流和合作。为了更好地贯彻《纲要》规定的缩短东西部发展差距的方针，切实有效地促进西部的开发和发展，大力提倡和推动沪蓉形式的这样的远距离、跨越式的合作与发展模式，是十分必要的。

因此，无论是"西进"也好，"首尾联动"也好，不仅仅是一种可采取的政策取向，而且是具有客观条件的经济趋势。沪蓉合作这样的首尾联动，不是由于人们单纯地为加快西部发展、改变其发展滞后的明智，不是由于东部的人慷慨，而在于市场机制的作用。这就是20世纪80年代以来，四川加快了发展，成渝地区成为增长核心地带。1992年以来成渝地区改革进一步深化，开放进一步扩大，交通和城市基础设施建设进一步加快。两市享有沿海地区同样的政策优惠，投资环境优化，由此使成都及重庆拥有的市场广阔、资源丰富、土地、劳动成本低等优势更加突出地显示出来，形成了当前在成都地区投资的比较效益，即"西部吸引力"。一方面东部地区的经济条件发生变化，如劳动、土地成本高昂，资源匮乏，市场饱和，而另一方面开发中的西部呈现出投资比较效益，这种"西部吸引力"正是东部的一些具有开拓精神的企业将视野转向西部和进一步将资金、技术和其要素投向西部，进行"异地开拓"的原因。可见正在出现的长江经济带的首尾联动，不是人们良好的愿望，而是立足于市场机制的作用，是市场启动和自主自愿的经济行为，这也正是首尾联动式合作能够在加强努力下扎扎实实地开展的原因。

因而，当前"成都现象"的出现并不是一种偶然的现象，它是西部经济文化传统在市场经济中焕发出的一种开拓精神，体现了抓住机遇的精神，以开明促开放的精神，体现了一种竞争意识、市场意识。

发挥中心城市功能，搞好大成都
经济圈建设，带动四川经济快速发展[①]

一、大成都经济圈的内涵与作用

（一）经济圈的含义

经济圈或称经济区、经济地带，是一个交换、生产等经济活动存在着密切的有机联系的区域。经济圈是一个经济范畴，它不同于行政区划，往往是跨行政区划的。一般说来，经济圈是以中心城市为核心，在它的辐射功能下形成的，而这个辐射功能是超行政区域的。例如，按照成都目前的经济辐射和地区内部经济联系的现状，成都经济圈包括绵阳、德阳、乐山、内江等地区的一部分。由于中心城市的辐射功能是全方位的，往往形成一个圆形的、经济密切联结的地区，因而称为经济圈。当然，圈不是几何学360°的圆，而是一个地区、地带，它区别于长形经济带。

---

① 原载《天府新论》1997年第5期。

经济圈以大城市为核心，即核极，加上围绕大城市的，由若干中小城市组成的城市（包括城镇）群落，以上二者组成城市经济；再加上与这些城市经济密切联结的农村经济，以上三个层次就构成经济圈经济，即区域经济。市场经济中若干这样的各有分工、互相联结的地域经济，组成一国的国民经济。

就世界各国情况来看，作为经济中心的特大城市往往形成这样的经济圈。如像日本有以东京为龙头的包括关东地区的大东京经济圈，经济实力占日本经济总量近2/3。英国有大伦敦经济圈。美国东部有以纽约为龙头的经济圈，西部有大洛杉矶经济圈，北部有以芝加哥为中心的经济圈。中国有以广州为龙头的珠江三角洲经济圈；江苏的苏州、无锡、常州是在发挥上海和南京的中心城市功能下发展起来的；在华北，以京、津、唐为中心的经济圈正在形成。

（二）构建成都经济圈的意义

第一，在市场经济中，经济区域主要是自发地形成的，是市场力量配置资源的结果。（1）1978年以来的18年，特别是1992年后，成都7区12市县经济发展势头旺盛，城乡经济的内在联系大大增强。20世纪90年代的"一条线"建设，使绵、德、乐等地区经济高速增长，并加强了与成都在经济上的联结。实际上，一个以成都市为中心、以几个中等城市为枢纽、联结几十个小城市的城市经济以及与之相联结的农村经济的成都经济圈，已经初见轮廓。（2）"八五"时期的发展表明，成都及绵阳、德阳等地，即"一条线"地区，经济的年增长率超过全省平均30%~50%，快速发展的成都地区在四川省经济中的地位越发重要。（3）原四川发展战略实行两点两线两翼，重庆市成为直辖市后，成都市成为唯一特大城市，成都在全省的位次也明显上升，人口比重由8.6%上升到11.8%，国民生产总值的比重则由19.8%上升到27.2%。工农业生产总值的比重从21.8%上升到30%。其中工业总产值的比重则由25.4%上升到35.5%。如果加上绵阳、德阳、乐山、内江等地，大成都经济圈内的工业产值将占四川工业总产值的50%以上。

第二，提出构建大成都经济圈，目的在于充分发挥中心城市在地域经济发展中的功能。根据经济极化（要素聚合）和经济辐射的发展理论，在市场经济中，生产要素会逐步聚合于交易费用低、比较效益大的城市。由于城市各种中心——制造、商贸、金融、科技、文教等——的形成，造成一个拥有比较利益的投资环境，它吸引资本、劳动力和各种要素向它集中，成为企业的摇篮。表现为各种企业的共生和大发展，形成企业群落（CLUSTER），出现一个人口集中、基础设施和各种城市功能完善的发达的城市经济。城市是高产值创造区域，集中于城市的高科技产业、金融业、信息业带来高附加值，使城市经济成为高增长极（地带）。城市经济的更重要作用在于它的带动、辐射作用。集中于城市的各种企业和机构在其经营、服务业务的开拓中，实现生产力向外辐射，带动农村和周边地区的经济发展。四川是经济欠发达的大省，在走向现代化过程中，需要大力推进城市化，要充分发挥城市的极化和辐射功能。大成都经济圈，是特大城市和中小城市密集地带，充分发挥这一领域内的城市极化和辐射功能，形成一个强力辐射源，对加快四川经济发展至关重要。

第三，提出建设大成都经济圈，关键在于要抓住重点地区，发挥其带动功能，实现全面快速增长。（1）经济发展中由不均衡到均衡发展是一个普遍规律，它表现为：一些地区走在前面成为发达地区，经过一段时间，在它的带动作用下，四邻的欠发达地区又赶上来。根据现实情况，加快那些区位优越、经济实力强、竞争力高的地区的发展，发挥其带动作用，而不是实行平推，是一项可取的区域发展战略。（2）四川是一个地域广阔的大省，面积48.5万平方公里，人口8215万人，有成都地区、攀西地区、川北川中地区、川南经济区以及阿坝民族地区等几大经济区。无疑，四川要加快发展，实现两个根本性转变，需要实行发达地区带动、抓点带面的战略，而不能平均使用力量，四面开花，撒胡椒面。计划经济中的区域发展，造成财力分散，重复建设，大而全、小而全，产业结构趋同等弊端，带来了许多后遗症，这些经验教训，我们应该充分总结。因而，当前要求把大成都经济圈构建成四川的快速增长极，强力辐射源。由于成都地理区位上处于新四川中心，是四川中心地带，因而实行大成都经济圈的区域发展战略，就能有效地发挥中心地带对四面八方的带动作用，有力地促进几个大区域和全川经济的发展，并形成中心地带与各个地区经济的互促、互补。

二、搞好成都市城市功能建设

（一）关于成都市的功能定位

大成都经济圈是以成都市为核极，要形成一个发展快、质量高的大经济圈，必须立足于充分发挥成都市的中心城市功能的基础之上。因而构建大成都经济圈，首先要强化成都的城市功能。大成都不是扩大面积，主要是搞好城市功能定位，做到功能齐全、功能强化和各功能协调，以形成强力核极。

1993年国务院下发了成都实行"三中心两枢纽"的文件，提出了成都市主要城市功能。对成都市的城市功能应该从实际出发，全面加以把握。我认为成都市有八大中心城市功能：（1）制造中心；（2）商贸中心；（3）金融中心；（4）信息中心；（5）交通枢纽；（6）科技中心；（7）教育、文化中心；（8）旅游业中心。除上述经济功能而外，成都还是省会城市，具有省一级政治中心的功能。

（二）关于成都市城市功能的具体设想

第一，加快制造业的发展，发挥制造中心功能。成都经济圈是四川中心地带，是经济快速增长地区。无工不立，无工不富，无工不快，这个快速地带首先要有大工业支撑。基于中国国情，大省的中心城市没有制造业，是不可想象的。没有现代制造业作基础，其他城市功能也将难以发挥。成都是四川省的成都，它必须服从于促进全省经济现代化这一中心任务。特别是分省后，大工业城市重庆划走，工业化的物质基础有所削弱，加强成都市的制造中心功能，就更为迫切。那种关于"重庆搞工业，成都搞商贸"的城市分工的主张，纯属无稽之谈。成都要利用40年来打下的工业基础，挖掘潜力，形成大工业中心。作为四川和西部的重要制造中心，不是要在工业发展上追求数量扩张，而是首先要上水平，要大力发展技术密集型的现代工业，特别要着眼于发展高新技术产业，形成先导性产业，发挥它的带动作用，推动全省产业的升级。

成都制造业有一定基础，电子、机械、化工等行业的资产存量和潜力很大，当前应该以结构调整为突破口，以市场为导向，狠抓资产重组，组织一批产品有市场、效益好、有经济规模的大企业集团，形成支撑成都经济的"主力舰"。

适应于四川是农业大省、资源大省、人口大省的省情，成都还应大力发展劳动密集型的产业，特别是农产品加工业，形成合理的制造业结构，促进资源开发和增加就业，特别是带动四川农业的发展。结构调整要立足核心——成都市，放眼外围，推动经济圈范围内的资产流动重组；要加强成都、郊县和其他市县的分工协作，形成工业产业链，合理配置资源；要把成都市内的产业结构调整、升级和某些产业外迁相结合。

第二，充分发挥商贸、金融中心的功能。以商促工，通过搞活流通，扩大市场来促进生产，是经济发展的一般规律。对于地处内陆、经济具有封闭性特点的四川，搞活流通尤为重要。基于四川当前流通不活、市场体系建设滞后的现状，采取一项大力发展大商贸、以大流通促大发展的战略，就是十分必要的。为此要搞好成都市作为西部商贸中心的建设，大力进行市场体系和流通商贸组织的建设，拓宽流通渠道，搞活商流、物流、资金流，形成大流通，发挥成都市的商贸中心的功能。

成都的商贸中心建设，要实行五个联结：（1）联结经济圈；（2）联结全省；（3）联结西部；（4）联结全国；（5）联结世界。首先要着眼于形成经济圈内的大流通，要在圈内建成市场体系密集区，发展批发、专业市场，形成圈内的市场网络，进一步搞活商品、物资流通。形成大流通，要求加强成都金融中心建设，发展各种金融机构（包括外资金融机构），扩大证券市场，搞活资金流。要在经济圈范围内先行深化金融改革，搞活金融，促进产业的发展。

第三，形成科技强力辐射源。要进一步发展和加强成都的科研机构，发挥成都科技中心功能，加强科技力量对圈内外中小城市、乡镇企业的支援渗透，促进市县工业的产业升级和乡镇企业的"第二次创业"。要落实有关鼓励科技转化为生产力的政策，例如实行知识产权入股，以及采用大专院校、研究所在分享利益条件下参与企业协作的方法。

第四，发挥信息中心的功能。搞好各种硬件和软件的建设，形成联通全国和国际的信息网络，加强人员培训，形成畅通的信息流。搞好信息中心建设对于内陆城市意义尤为重要。

第五，发挥交通枢纽的作用。实行交通先行，搞好交通和城市基础设施建设是成都经济发展的先决条件，是提高城市质量和增强成都地区吸引力和竞争力的关键。为此要加强铁路、公路和航空港的建设。特别要加快以成都为中心和枢纽的全方位的高速公路建设，形成与各市县区联结，直通到村的公路交通网络。发展城市交通要有新思路，采用新办法，要大力吸引外资和利用发行财政债券等。

第六，大力发挥教育、文化中心的作用。教育和劳动力的素质密切相关，文化事业发展、文化氛围的强化也关系着文明经商，是地区竞争力的重要因素。成都历来是文教中心。在新时期，要通过教育的发展和结构调整，进一步发挥教育中心的功能，提高区内的居民教育水平，加强思想道德和国民素质建设，同时，大力发展文化、体育、医卫事业，使成都成为社会主义精神文明的首善之区。树立起文明成都的新气象，应该是成都一项努力目标。发挥成都文教中心作用，也将积极促进全省教育事业的发展。

第七，建成旅游业中心。成都应该是旅游业的中心和枢纽。要发展包括旅游公司、旅游宾馆的一系列旅游服务业，以及旅游产品制造业。成都是旅游名区，是景点集中地，应该建设成为四川省中心旅游地带，并带动全省旅游业的发展。

还需说明成都城市中心功能建设和加强农业基础的关系。

加强四川农业，特别是天府农业，不仅涉及粮食供给和人民吃饭问题，而且涉及2010年后四川的可持续发展。在当前经济起飞和工农业比较效益差距较大的情况下，要吸取珠江三角洲农业在工业化和城市化发展中受到削弱的教训，致力于加强成都平原和丘陵的农业，培育出以高质、优产、高效农业为特征的农业产业带，建设新天府农业。而搞好成都中心城市功能，例如发展农产品加工业、商贸业以及饮食服务业，特别是发挥好科技中心的功能，都将积极促进成都地区高产、优质、高效农业带的建设和发展。

三、逐步推进大成都经济圈的建设

大成都经济圈的建设，包括两个层次：小圈建设和大圈建设。

（一）核心圈和小圈

它是由成都市及其7区12县市组成，即成都经济圈。建设大成都经济圈，应该从搞好成都市经济着手。由于成都市的经济实力在经济圈中拥有举足轻重的地位，也由于小圈是在成都市行政区划下形成的，经济建设的制度运行成本低，因而小圈建设应该先行，成都市应该负责规划实施核心圈的建设。成都经济圈的建设是至关重要的，可以说，成都经济圈建设的状况决定着大成都经济圈建设的状况。当前应该大力搞好成都经济圈的建设，并把它当作一项全省的任务来抓。

（二）大成都经济圈

大成都经济圈不是通过行政方法任意地将一些地区纳入圈内。大成都经济圈的范围多大，要立足于现实，决定于成都经济辐射力的广度，决定于成都和其他相邻地区之间经济的关联程度。在目前情况下，经济圈的范围不宜划得过大，否则会因名不副实而难以操作，而且还会分散力量，难以取得好的绩效。成都经济圈框架已经初步形成。这个地区的经济快速增长，会不断促进成都和有关各市经济之间的联结和互相叠合，经济圈范围扩大。这是一个必然的趋势。加之目前国有大工业企业的资产流动重组、大集团的形成、中小企业的放活和成都大制造业中心的形成，也迫切需要成都与经济相关联的各市间加强协作，需要把经济圈建设由中心向外推，相邻市则向内靠。可见，发挥政府职能，基于现实的可能，因势引导，推动成都市和有关市加强协作，共同来搞好大成都经济圈的建设，是十分必要的。

四、正确处理六个关系和抓住两个关键

（一）需要正确处理好的六个关系

第一，处理好成都城市各个功能建设的关系，实现各功能协调和互补互促。八个功能中，制造、商贸、金融、科技、教育、交通是重点功能，要实行制造奠基，交通先行，商贸搞活，科教兴市。

第二，处理好省市的关系。大成都经济圈的建设，是关系全省经济发展的大事。大成都经济圈的形成，是一次生产力大发展，需要进行一次产品、产业结构的大调整，特别是圈内产业地区分布的调整。要实行各市县——行政区域内和以外——资产的流动重组，调整企业组织结构，形成若干大集团，如电子、轻纺（服装）、食品、皮革等；要实行成都产业升级和部分企业外迁；经济圈建设还涉及交通体系，涉及城市群的产业分工和结构优化，要切实防止产业重构，盲目布点。经济圈产业结构调整与布局优化是件大事，要省上支持和牵头，因而要搞好省市关系，形成共建机制。

第三，处理好成都与所属市县的关系：（1）经济发展与结构调整，特别是工业产业链和产业带的形成，交通网、市场体系的建设，

需要市县共同努力；（2）要统一规划、加强指导，又要对下放权搞活，放手发展县经济，因此，需要进一步处理好成都与市县的关系，加大市上的支持，密切上下协作。

第四，成都与有关部门的协调，通过一定形式，共谋发展，理顺利益关系。

第五，成都与重庆的联系：两市经济联系日益复杂，有必要定期召开川渝经济协作会，及时处理各种问题。

第六，成都与中央的关系。大成都经济圈的建设，是发展区域经济的一次新尝试，它涉及如何发挥成都中心城市功能，涉及如何进行结构调整，这一西部经济实力最强地区的区域经济的发展和重组，在加快西部发展中有重要意义，因而应该和可以取得中央的大力支持。

（二）抓住两个关键

第一，深化改革，发挥市场作用。经济圈的形成，是市场机制作用下的必然，要充分发挥市场在配置资源中的基础作用，另一方面也需要加强政府的引导。政府的支持是必要的，但是区域经济的发展，结构调整和企业重组的推进，它主要应依靠市场经济的活力，依靠市场机制下的地方、企业和全体人民群众的积极性。为了发挥市场作用，就需要形成一个有活力的机制。首先，要形成有活力的企业。其次，是形成完备的市场，放开价格。市场作用大，企业机制活，就能发展快，就能促进结构调整和优化分工协作。可见，构建大成都经济圈，必须深化改革，加快向市场经济转轨，这就要求成都经济圈成为改革先行区。

第二，扩大开放，大力引资。加快发展要有资金，要依靠自身积累，搞活金融，广开筹资渠道，要加快引资，利用外地和海外资金。为此，成都经济圈应该成为对外开放的前沿阵地。构建大成都经济圈，反映了经济发展趋势，再经过十年努力，一个增长快、整体质量高、带动力强、有如珠江三角洲的大成都经济圈必将出现。我们应该站得高，看得远，厘清远景，立足实际，扎扎实实地推进大成都经济圈的建设。

开拓电力市场　促进水电发展①

一、突破市场制约，电力工业才能加快发展

水电是资源性产业，是四川具有优势和良好发展前景的支柱产业。在市场经济条件下，发展四川水力发电业，需要解决好资本金投入和资金筹集、减少债务和利息负担、加强经营管理、降低成本等问题，才能充分发挥四川水电业的竞争优势。但在当前，更为重要的是开拓市场，改变我省电力供应过剩的状况。

20世纪80年代的四川，电力瓶颈十分突出，电力生产严重不足，抑阻了我省经济的增长。80年代中期国家决定进行二滩电站建设，但是中国经济买方市场全面形成的步伐超出人们的估计。1998年以来我省出现发电的市场瓶颈，特别是在发电高峰期，电力供应过剩，使包括二滩电站在内的水电站的生产能力难以充分发挥。

二滩公司出现的问题，有多种原因，但是最根本的是宏观经济形势的变化，是市场制约。我国当前商品大范围的市场过剩是一个转型

---

① 原载《四川日报》2000年7月28日。

期阶段性的问题，是近两年来中央采取的扩大内需的政策措施下，目前市场状况和经济运行已出现转好的征象。就电力行业来说，沿海某些地区已出现供不应求和"拉闸"。我们可以设想，如果今后我国国内生产总值增长幅度适当提高；如果今后采取正确的适应于市场经济的电力政策，把电力生产、交换立足于竞争和发挥资源优势的基础之上；如果四川采取积极的扩大电力消费的政策，大力开拓省内外电力市场……那么，目前四川的水电生产能力过剩将得到缓解。

如果在中央的支持下，通过我省的努力，能够突破市场制约，我省电力工业将有可能做到加速发展。溪洛渡、向家坝等优质水电资源将会更快地得到开发，水电工业将真正成为我省的支柱，并成为我省特色经济的重要组成因素。

二、建立适应市场经济的电力体制，实现"西电东送"

一方面，具有资源优势与良好前景的我省电力卖不出去，而另一方面，沿海地区又开始呈现出电力的不足。在这种情况下，有可能再次盲目发展能源。这是当前我国电力工业中出现的新情况。这一矛盾的解决，在于对现行电力生产、分配体制进行改革。

我国电力产业实行的是高度集中的管理体制。近20年在电力瓶颈条件下又形成了各地自行办电、自求平衡、分割市场、地方保护，这种电力体制已不适应向市场体制转轨的需要。特别是各省电力自求平衡、地区保护的体制不适应新时期产业结构、地区经济结构调整和优化的需要。因为自行办电、自求平衡使各地区不顾条件许可，不问代价，浪费资金和资源，这在当前形势下是又一种低水平的重复建设，它造成电力高成本，不利于竞争力的提高。同时它制造环境污染，不利于经济可持续发展。

在加快向市场经济体制转轨和进入世界贸易组织的形势下，我认为，我国应该加快电力工业的市场化进程。要建立适应市场体制的电力生产、交换制度，电力要和其他商品一样，实行统一的大市场，引入竞争机制，发挥市场配置资源的作用。在生产上是发展水电、火电还是核电，布局上是在沿海建厂还是在内地建厂，这些均应该由市场、由竞争来定，使那些自然资源条件好、技术好、管理好从而成本低的能源企业，在市场上找到应有的位置。这样才能优化电力生产的资源配置，把供给搞上去，把价格降下来。这样的电力生产、供应体制将有利于全国经济的发展，也有利于各地区经济的发展。

实行新的电力体制，将改变电力产业中长期存在的高投入、低效率、高成本问题，使我国电力产业拥有竞争力，以应对我国即将进入世界贸易组织和国外资本将进入发电业的新形势。同时，将从根本上解决"西电东送"这一我国电力生产和分配十分紧迫的问题，使西部地区富有优势的水电产业得到发展，并促进地区分工，进而推动西部特色经济的发展。

三、走加快我省电气化的发展之路，在拓展市场上下功夫

要解决我省电力供应过剩问题，必须下决心大力启动我省的电力市场。一是搞好搞活我省经济，加快发展，特别是加快我省工业的发展，这是开拓电力市场的根本之途。二是努力培育和发展高耗能的产业，如像发展攀西拥有优势的钒钛业、有色金属、硒土等产业，形成发电、用电相衔接的产业链。三是大力发展农村电网，特别是要加快阿坝、甘孜、凉山少数民族地区和边远山区的电网建设，扩大农村生

产和生活上的电能消费。四是实行鼓励居民用电的政策，更好满足城市居民生活用电的需要，在这方面还拥有很大空间；开拓城市公用事业的电力消费，发展现代城市文明。五是实行鼓励用电的优惠政策，如实行优惠的价格政策，对某些生产企业实行税费退还和补贴的政策，建立鼓励用电的财政基金，采取积极有效的政策措施，推动刺激电力消费，扩大电力市场的作用。六是理顺关系，形成合力，扩大电力市场从改革着手，理顺生产、分配、销售等环节的关系，理顺网内与网外电厂上网的关系以及水电与火电的关系，处理好发电高峰期和低谷期在发电、分配、销售等方面的具体矛盾。

总之，以扩大电力市场为目标，走一条加快我省电气化的发展道路，是解决我省电能产销矛盾的可取之策。

论全面大推动战略[①]
——西部大开发的经济学思考

一、多种条件制约下的经济发展滞后与不良运行

西部大开发的序幕已经拉开，这是21世纪振兴中华的一项经济大战役。需要明确的是：这是一项十分艰巨的持久战，只能切实地加大推动力，而不能不求实效，一哄而起。当前需要立足国情，立足西部实际，探索进行切实而有效的开发的新思路和新方法。这就要求我们首先要加深对西部经济现状、性质的认识，弄清西部经济发展滞后的根本原因。

西部地区是国内的欠发达或不发达地区，它客观存在着自然物质的、区位的、体制的、文化教育与思想观念等方面的缺陷与制约。

（一）自然条件制约

西部具有丰饶的资源，但也存在自然生产条件的劣势。一些地区或黄沙无垠，或黄土连片，或山高路险，不仅难以建设发展，甚至难

---

① 原载《经济学动态》2000年第7期。

以正常生活。多年来掠夺式的生产方式，更造成森林被砍伐，植被被破坏，水土流失，土地沙漠化、荒瘠化，形成生态环境恶化→经济发展困难→生态环境更恶化的不良循环。

（二）区位劣势与封闭性

西部是内陆地区，基础设施建设严重滞后，交通不便，流通不畅，与国际、国内大市场连接弱，由此造成经济封闭性和商品化、市场化的发展滞后，后者成为西部地区经济的特点，也是经济发展的难点。

从历史上看，江河口岸较快形成商品经济，海岸港湾较快形成发达国际经济，而不发达国家的边远内陆经济，即使在经济全球化的时代，往往也难以摆脱封闭性。

基础设施——路、港、网、水电——建设，可以改变区位劣势。洛桑居于山区，法兰克福居于欧洲内陆，但依靠现代交通和电信、网络，改变了区位的不利，成为国际大都会和国际金融中心。我国是发展中国家，西部属于欠发达经济的低层次，加之铁路、公路、航空港等建设大大落后于沿海，交通不便，流通不畅，信息不灵，使西部产业难以融入国内、国际大市场，经济很大程度上在小区位中自我循环，其集中表现是西部出口、引进外资比重畸低，如：1994～1998年西部地区引进外资占全国的4.79%，出口比重占全国的4.36%。一些边、山、少民地区人们至今仍是保持着种粮而食、赶场换钱、打油称盐的千百年来的自给自足的面貌，经济封闭性的结果是停滞和落后。

（三）关键要素稀缺，生产力水平低

资金、技术、智力等现代化生产的关键要素稀缺是发展中国家的共同特征，更是欠发达国家的特征。我国西部除了少数中心城市地区

和国有大工业集中地区外，总体上处在农业经济形态。以牛力、人力为动力的传统农业，迄今仍然是西部农业经济的重要组成部分，特别是在一些自然条件差的边远地区，还保持着刀耕火种、逐水草而居的原始农牧方式，这种落后的经济结构和生产方式，决定了群众收入水平低，一些地区长期难以脱贫。我国贫困人口一半在西部。底子薄、积累少、资本和技术稀缺成为西部发展的最大制约因素。

此外，西部不少省区劳动力多而素质低，除了少数中心地带，普遍是教育发展落后地区，人口素质低，精通高新技术的高智力缺乏，现代企业管理人才不足，上述情况意味着技术创新和转化为生产力的能力薄弱。人力资本的弱势成为新形势下西部发展的另一最大制约因素。

（四）体制缺陷

西部不少地方体制缺陷主要表现在：商品化、市场化发展滞后；国有制经济比重过高和民营经济发展不足。

20世纪五六十年代布局于西部的大工业建设，给这个地区引进了宝贵的物质资本和人力资本，但也进一步加强了地区的国有制独占的经济结构，国有经济迄今在西部各省区工业总产值中和财政收入中均占很高比重。国有大中型企业，主要是军工，是以嵌入式方式建立起来的，又处在不良的区位和不合理的依山布局下，既难以"引进来"，又难以"走出去"。20世纪80年代以来在沿海地区的企业在实行对外开放，大力吸引外资，进行大进大出来加快发展中，西部不少国有企业仍然是守着老摊子，生产老产品，基本上在原地踏步。尽管政府以对独生子的父爱，向国有大工业实行财力、信贷的倾斜，但由于国有企业制度创新艰难和企业历史包袱重，因而技改难搞，结构难调，不少企业长期处于困境。一些大企业通过进行改革在一段时间内取得较显著业绩，但由于机制缺陷，在不断加剧的市场竞争中又居于劣势。"父爱主义"的"保扶"国有大工业，未能取得明显效果。而20世纪90年代中期以来企业体制改革向前推进中政府"保扶"力度减弱，不少企业就只有靠吃老本维持营运，不仅产品日益落后，成本日益增加，市场日益狭窄，效益日益降低，而且，一旦出现市场形势的逆转——在20世纪90年代中经济过剩与市场全面疲软的形势下，国有大中型企业就出现大面积的亏损。

西部一些地区实践表明，在计划体制轨道上运行的"嵌入式"的国有大工业，由于它和地方经济相脱节，而未能有效发挥拉动地方经济发展的作用。在改革深化阶段，国有大工业进行艰难的大改组中，由于政府对国有经济自愿和非自愿的，又造成西部乡镇企业和其他非公有制经济发展不足，从而缺乏新的增长点。

原有可观的资产存量未能有效盘活，新的增长点又未能较快萌发，可见，体制病严重地制约着西部生产力的发展。反观我国国有大工业布局少的东部省区，特别是广东、浙江、江苏，20世纪80年代以来在大力发展乡镇企业和放手发展非公有制企业中，保持了较长期的经济高增长，上述情况表明：西部经济发展滞后中制度制约起了决定性作用。

（五）观念更新的滞后

西部地区不乏经济、文化发达的中心地区，成渝等地既有较发达的工商经济，市民群众有较强的商业意识，但内陆地区的封闭性和千百年来的传统农业生产方式，不能不在人们的思想上留下深刻的烙印，其一般的表现是：轻易满足，小富即安，缺乏创大业的开拓进取精神；生产、经营保守，按陈规办事，缺乏不断创新精神；视野不宽阔，只与左邻右舍比高低，而缺乏争世界一流的精神。上述人们称之为"盆地意识"或"农耕文化"的思想观念，即使是在经济发达的中心地带也表现得十分鲜明。处在经济封闭的边、山、少民地区的人们，更表现出浓厚的自给自足观念。上述思想观念使人们轻商品交易，缺乏积累个人财富和发家致富的动力和积极行为。陈旧观念维持和固化落后的传统生产方式，排拒经济的商品化和市场化。在西部一些边远、交通闭塞地区，多年来国家投资兴办起来的一批城市工业企业，业绩甚差，对农村经济拉动力弱，多年来政府输血式扶贫未有明显效果。上述情况表明，西部经济发展滞后还有更深刻的成因，即观念制约：一些地方群众头脑中的难以摆脱的陈旧思想和不适应于市场经济的千百年来的文化，起着抑阻经济发展和社会进步的负效应。

总之，在改革开放和经济市场化大潮流下，西部地区历史上多年形成的文化观念表现出更新缓慢，陈旧的思想、文化成为西部经济发展的另一重制约。

（六）效率低、效益差、积累少、增长慢，经济运行处于不良势态

西部地区经济受到上述五个方面的制约，从而造成经济效率低，资金投入、产值比低，效益差，积累少，自我发展能力薄弱。对于低效率的弱质经济来说，企业技术更难以创新，产品结构更难以调整，在市场竞争越加激烈形势下，企业越来越陷于困境。弱质经济的不良运行中，优势产业难以形成，由于企业效益越差→地方财政状况越拮据→基础设施上不去→企业效益越差，成为西部工业企业运行的怪圈。放大到西部经济整体，地区经济发展滞后→经济竞争力越弱→政府和企业的投入越不足→发展越滞后，成为西部经济发展的怪圈。

综上所述，就整体来加以概括，可以说：西部地区的经济，是多种条件制约下的欠发达经济，结构的多元性，体制的畸化性和不良运

行在西部经济中表现得分外突出。针对上述状况，进行西部大开发，要采取多种措施：（1）进行改变自然生产条件、生态条件和区位劣势的基础设施建设工程；（2）改变生产关系，健全经济体制与机制的制度创新工程；（3）提高居民、劳动力、管理者素质，培育人力资本的人才建设工程；（4）提升企业竞争力与发展后劲的结构调整，产业升级、科技创新工程；（5）进行先进思想和现代文化的灌输的观念更新工程。因而，这是一项涉及社会多方面的系统工程，是需要几代人从事的长期开发过程，而不可能一蹴而就。充分估计到西部大开发的难度和长期性，是为了树立起打持久战的思想，对大开发的进程进行科学谋划，分阶段推进，既防止盲目大干快上急于求成，又防止无所作为，悲观失望。总之，推进这一场大开发首先要立足于对当前形势、西部实际的认识，形成科学的新思路和新方法，克服与防止盲目性，增加自觉性，争取大开发积极、稳健，少费效宏。

二、以大政策进行大推动

在新时期进行积极的西部大开发，需要实行大推动。这里提出的大推动包括促进稀缺生产要素——资金、技术的流入，科技创新和向生产力转换能力的增强，加强人才的引进和人力资本的培育，全面体制改革的推进，文化、观念变革和社会主义市场经济新观念的形成，等等。大推动是多方面的，既有外在的推动，也有内在的推动；既有物质力的推动，又有精神力的推动；既有来自中央政府的推动，又有来自地区自身的推动；既有行政力量的推动，又有市场力量的推动。大推动旨在基于实际的可能，充分把握机遇，最有效地和全方位地利用促进经济、社会发展的多种条件和各种杠杆，使其互相结合，互相促进，由此，形成中国社会主义市场经济条件下的一场生气勃勃的西部大开发。

大推动开发战略之所以必要是由于：

第一，多种条件制约下的西部经济做到切实的加快发展，必须要有大推动力。西部地区经济不是铁板一块，在发展程度上具有多层次性。某些省、中心城市、中心地区有较好的工业基础和较快发展；多数人口从事的农业和农村经济增长缓慢；沙、山、边、民地区发展困难更大；个别地方经济极其落后，多年扶贫但却仍然贫困，甚至在脱贫中返贫，表现出停滞型经济的特征。西部地区经济从总体上说，由于受到多种条件制约，呈现出素质弱、效益低、增长滞后和不良运行等特征。如果说20世纪80年代初东部沿海地区的发展表现出十分明显的政策→增长效应，在那里，一旦建立特区，实行特殊政策，生产力就奔流而出，经济就迅速增长和走上快速市场化、工业化的轨道。西部地区则是即使实行相同的政策、措施，也未必能取得当年沿海地区那样的快速增长效应。西部开发有如气力小的人负重爬坡，难以实现快速增长，这个内陆地区开发的难度要求人们采取多种措施、全面治理，形成切实有效的推动力，争取尽可能早地解除束缚西部发展的各种制约，增强西部经济活力和良好运行来加快西部地区的发展。

第二，西部尽管中心城市和中心地带有相当发达工业经济，但是从总体上看西部工业化尚处在初始阶段，较之沿海地区差1—2个阶梯，而要迈上工业化中级阶段，基础设施和产业建设的资本投入一项，就需要达到10万亿元计的规模，条件较差的西部要解决各类高层次人才的引进更是一个艰难课题。

第三，沿海地区工业化仍将保持强劲势头，较好的区位、投资环境与发展预期，仍将使东部经济保持快速发展，这种东西差距持续扩大势态下的西部开发要取得更好实效，要求实行强有力的推动。

第四，世界科技进步与产业升级，以及我国进入WTO的新形势下，西部经济要采取跨越式、追赶式发展。照搬式发展，如像照搬"苏南模式""温洲模式""东莞模式"等，甚至简单照搬"四小龙"的"劳动密集""出口导向"型模式等，均难以适应西部情况和当前国际和国内的新情况。跨越式发展旨在努力构建和形成能适应21世纪时代特征和我国经济发展战略目标的有竞争力的现代生产力，而不是始终是处于大对比度的落后状态，始终是在竞争力弱的低水平徘徊；追赶在于尽可能快地实行产业层次的提高和升级，加快形成现代生产力。如果西部地区不跳出传统的发展模式，走一条加快发展的新路子，大开发不仅多费而少效，而且，将是旷日持久战，始终难以解决东部快进中的东西大差距问题。

以上情况表明，这一场面对矛盾较多、困难较大而又有新目标的西部大开发，其顺利地推进，必然需要实行切实有效和全面的推动。首先，要实行充分有效的和不断增大的要素投入，呼唤"八方要素汇西部"，着力于形成势头不断增强的"西进运动"；要实行有效的制度创新和强有力的制度推动；要致力于科技进步，形成科技大推动；还要实行新思想文化的灌输和思想大启动。总之，西部大开发需要全方位的推动多种多样的措施。把大开发当作是争投资、造机场、修高速公路，是一种简单化理解，它无助于西部大开发的顺利的推进。

三、加强两种投入：资金投入和政策投入

对不发达地区的开发和实现经济快速发展，世界各国有许多先例，积累了许多经验，也有不少教训。成功的开发，都离不开和需要

依靠政府有效地发挥激励、引导要素投入的功能。在社会主义条件下推动欠发达地区经济发展，更要依靠政府的功能。实施西部大开发就政府来说，要加强两种投入：资金投入和政策投入，资金投入是先导，政策投入是关键。

西部大开发首先要解除西部发展的自然条件制约，创造经济发展的基础条件——基础设施，生态环境，居民教育、文化水平和人力素质，提高物质基础设施、基础教育设施、基本文化设施。主要是公共产品，它的创造理应由政府来承担。而且，在占全国土地面积58%的多沙漠、多山、高原，气候条件恶劣地区进行耗资巨大的基础设施建设——至2010年内的西部铁路建设要1000亿元投资，而一项新疆石油外运上海的管道建设要耗资1000亿元——不可能不依靠政府力量来加以启动。由于20年改革开放，我国沿海地区快速发展，全面改革的深化，综合国力增强，政府调控功能大大加强，为支持西部开发而加强政府财力投入的条件已经开始具备。目前政府正在制定一项全国加强西部基础设施及其他公共产品生产的雄伟规划。在进行大规模基础设施建设中如何能使力度充分而又确保质量，提高经济效益和综合社会效益，是一个需要深入研究的大课题。要做好通盘考虑，科学设计，逐步推进，防止一哄而起和重复建设，特别要致力于求得良好的经济效益，尽可能减少西部开发的社会成本，以节约财政资金。

不论中央政府如何加大资金投入，财力毕竟有限。目前政府每年为公共投入发行国债1000亿元，1999年度财政赤字已达1700亿元，为GDP的2.6%（1998年度为2.8%）。因而西部大投入的需要和政府财力不足，将是今后长时期内的主要矛盾，这种情况决定了政府对西部大开发主要应实行最有效的政策投入。如果说在计划体制下的西部建设唯一是依靠财力投入，工厂内迁，物质、人才的调配和支援，也可视为国家财力的直接投入。那么，西部大开发适应市场经济的新条件，就应该和有可能以政策投入为主要手段和主要杠杆，通过政策——产业准入政策、税收优惠政策、银行信贷政策、收入分配政策、就业入户政策等——的调整，来创造对各种要素流入，特别是资本的技术流入富有吸引力的政策环境。制定出能有效吸引资本"西流"的政策是至关重要的，这项政策包括以下三个方面：（1）开拓有利投资空间的政策；（2）降低投资与营运成本的政策；（3）减少税费、给予补贴，直接增大利润边际的政策。以上（1）（2）（3）的合力形成对投资的强吸引力。

西部优势资源很多，大开发的新形势，更会形成和扩大有利的投资领域，例如，西部水电、矿产资源开发，植树造林以及旅游等建设领域，就不乏对外资富有吸引力的项目。西部概念本身在资本市场上就可以提高资产的交易价值。在当前，特别是在进入WTO的新形势下，应该调整和放宽产业政策，允许和鼓励国内外广大投资者进入这些含金量高的产业领域，以形成中国西部"淘金热"。

在经济不发达地区，形成低生产成本的政策环境优势是引进资本的前提条件。为此，要给予投资者以享有在土地及其他资源使用、占用上的优惠，以及企业兴办、经营和进行融资、公司上市等方面的诸多便利。

在不发达西部投资带有很大的风险性，特别是西部大开发需要进行一些中长期未必能有充分回报的战略性的投资项目，"小搞小闹"的投资也是需要的，但难以形成开发大气候。因而，要有效利用能直接提高投资边界的政策，主要是降低所得税、减免进出口关税，以及对投资实行适当的补贴等。

应该看到，对西部来说，在以上三个方面进行政策调整的空间还是很广阔的，以上三个方面的政策是互相关联的，不可割裂的，三者的相协调将形成一种聚合政策效应，能大大提升投资回报率和引资吸引力。

西部内陆进行大开发，要有大政策，要实行比对沿海特区政策更宽松的政策。1979年至1999年这20年来，西部吸引外资在全国总量中的比重只占5%，四川近年每年引进外资仅为上海一个市的1/5弱，表明一般的政策优惠不足以解决西部地区引资难的问题，因而要加大对投资的政策优惠。目前所得税优惠政策已经出台，还应研究和制定在资源开发区、高新技术开发区中实行设备与产品进出口的"减免关税"的特殊政策。引资的政策优惠包括采取引资开发的新方法，探索采取多种形式吸引开发资金，例如：

可以对有关重点产业实行优惠政策。如对投入西部生态建设、基础设施的资本投入和经营实行优惠。

可以设置给以特殊优惠政策的开发区，如高新技术开发区、生态资源开发区、经济开发区。

还可以允许以企业为主体进行小区域开发。适应西部地广人稀条件，可以实行公司为主体，竞标进行一个小区域综合开发。如允许公司为主体对阿坝某一个地区实行以造林、旅游和进行基础设施、开发水电、制药的综合开发；在草原地区，可以实行以种草和科学养殖（改放牧为圈养）及制奶、肉类加工的综合开发。这种以公司为主体的引资和开发方式，是没有行政权的东印度公司开发方式，可以根据情况实行国有控股、合资等形式。

总之，西部大开发，需要大投入，关键是要有大政策，某些政策已经出台，还需要进一步制定切实有效的和完善的大政策，这无疑要依靠大决心，更要靠基于世界形势和我国国情、西部实情的科学认识和深入调研，还要依靠思想的解放和敢想敢干的开拓精神。

四、以大开放促进大推动

第一，大推动是以大开放和多种生产要素大引进为前提。鉴于西部地区发展外贸、引进外资的严重滞后，大开放首先要搞好西部对外大开放，加大引资的力度，大力发展对外贸易，有效利用信息和网络技术，加强西部地区经济与国际经济的联结，最有效地吸引国外的资本、技术、人才等要素的"西流"。能否切实搞好对外大开放，充分有效地利用国际市场资源，吸引要素的流入，是能否形成真正的大推动的前提。在当前世界政治、经济的大趋势和我国即将进入WTO的形势下，西部地区面对着拓宽对外开放领域、增大稀缺要素流入的大好机遇。

第二，大推动既要借助国际经济力的推动，还要充分动员和借助国内经济力的推动，这就要求实行对国内经济较发达的沿海地区大开放。

沿海地区经过20年的发展，关键在于实行比当年沿海特区更"新"的政策，切实形成良好的投资环境。一些重要因素成本提高，特别是劳动力成本高，造成沿海地区投资回报率下降，在这一背景下，20世纪90年代中期已经出现了沿海资本向内陆地区的转移。1995年以来国有企业实行重组中，沿海企业以"控股""参股""买壳"等多种形式向内陆投资，这种被称为"西进"的资本与产业的转移与要素跨地区流动，在近年来虽然尚未汇为大潮，但是毕竟已经显示出逐渐增强的趋势。因势利导，促进东部企业"西进"，将为西部大开发形成一种重要的推动力。

第三，在市场经济条件下，促进"东部要素西流"，应该依靠市场力量，西部省区应该着力于依靠市场利益机制和投资回报率，来吸引要素由东部向西部流动，而不能依靠省外的"帮扶"。

西部地区"当家人"应该站得高，看得远，勇于对东部的企业，予以对外资同样的优惠政策，甚至更优惠的政策，吸引其参与西部地区国有企业改革重组，特别是军边转民。实行一项"慷慨"的对东部企业开放的政策，既能促进西部经济的发展，培育出有竞争力的"西部造"，又能推动我国国有企业改革、促进国企的重组和民族经济的壮大，促进东部企业结构调整与产业升级。

第四，对东部地区来说，推动"西进"，不只是单纯响应中央的号召，贯彻中央大政策的表态和政治任务，这也是新形势下东部经济自身发展的需要。应该看到，在世界技术革命、经济信息化、网络化的大潮流下，我国面临着一场国民经济结构调整和产业升级，特别要谋求建立和发展IT和其他高科技产业。在进入WTO的新形势下，中国高新技术产业如不加快发展和用来加快、推进传统产业的技术改造和产业升级，中国的关键性的产业（汽车、机械、石化等），完全有可能在激烈的国际竞争中败下阵来。中国目前拥有竞争优势的产业——包括现在尚占有市场大部分份额的家电等行业——也存在丧失市场优势的危险性。我国迫切需要形成能承受国际竞争的优势产业，要防止"产业空心化"，因此应该促进要素跨地区流动，实行全国范围的产业结构大调整，优化地区产业配置，以提高中国产业的竞争力。发展高科技，加大科技创新力度，加快科技向生产力的转化，无疑是提高我国产业竞争力，实现21世纪中国经济振兴的重大举措。而基于沿海地区的条件，我们需要实行东部、特别是沿海大城市沪、深、京加快发展高科技产业的大战略。为此，一些沿海地区、城市要进行以发展高科技为目标的结构大调整，上海等城市不需要再将有限资金、人才、领导精力用于振兴足踏车、手表、铅笔，缺乏原料的卷烟、一般纺织，以及发展一般的彩电，而应高瞻远瞩，主要致力于高科技的发展和产业升级，而将一些传统产业向西转移，使其在接近原料的区位形成"西部造"东部（所）有的真正的优势产业。这样东部沿海城市和地区就能充分利用进入WTO后的国外市场空间，求得优势产业的大发展。

可见，沿海地区对于西部大开发，不应只是作为发达地区对不发达地区的"扶贫"，从而安排一些企业，甚至多半是污染大、技术差的企业向西"转移"，更不能以西部大开发为旗号，只是着力于向西部推销商品，占领市场，甚至是推销滞冷商品。而应该面对进入WTO和世界范围科技进步、产业升级新的形势，全面调整东部自身的经济结构，在此基础上加强与西部经济的互促互补。例如，就电力来说，东部进行火电、核电的建设较之西部水电开发成本高，缺乏比较优势。西部水电储量丰裕，尽管二滩2台机组发电已经形成过剩，6台机组发电后，电力更加丰裕，但如果实行西电东送的大政策，将使东部得到廉价电力供应，也将加快西部水电资源的开发，西部的水电等建设也将给东部开拓有良好的回报的新投资领域。例如，四川溪洛渡、向家坝电站的兴建，将带来超过三峡发电量的电能，东部地区完全可以参与这一项有回报率的投资。在西部大开发新形势下，西部拥有着众多的富有吸引力的产业领域，眼向西部，将是东部有远见的企业家的明智之举。

第五，对我国来说，最有力和卓有成效的大推动政策，应该是既做到充分依靠国际资源的推动力，又做到充分依靠国内，特别是东部沿海资源的推动力。为此，政府要切实鼓励和调动东部地区"西进"的积极性，特别要制定一项21世纪经济发展和产业结构调整的战略，要实行沿海地市的产业结构的大调整，推进东中西各地区产业结构调整中的大协作。为此，还应考虑建立省际、区际进行经济协作的一定的组织形式，如像长江流域经济协作会，用它来引导、促进要素向西流动和东西经济互补、互促。

五、提高内地经济素质，加快经济的自我增长能力

事物的运动，无不是以内因为根本，外因为条件。进行西部大开发，无疑将会启动资本、技术、人才的向西流入，但是这种要素投入能否在西部发挥出应有的经济增长效应，关键在于西部地区经济自身的活力。因此，实行大推动，必须大力增强西部经济的活力和自身内在的推动力。

我们已经指出，西部地区经济发展滞后，在于未能形成一个充满活力，能自我良好运行、自我发展、快速增长的经济。西部经济投入、产出比较低，不少建设项目有较大投入，而效益多半低于沿海地区。素质弱、运行不良的经济也难以以合资、合作等形式引入外资。在政府实行加大基础设施投入，加快铁路、公路建设的新形势下，率先形成的现代化的物质生产基础——主要是路、网、港、电、气——和弱质的经济矛盾更加突出。经济结构的二元性将表现得更为明显，后者会集中表现在大投入和低产出、低效益的反差上。在实行西部大开发中，如果不改变这种投入产出低比值，将成为持续进行大投入的制约因素，在财政资金紧缺的形势下，政府的大规模投入也将难以为继。产出效益持续上不去，外资和东部资金也将难以引进。

因此，为了能实行持续不衰地对西部的大投入和不断扩大引进外资和外地资金，大力提高西部经济的素质，加强经济自我增长能力和竞争力，增强综合经济实力，不仅是西部地区的当务之急，而且应是一项长期的要务。

增强西部地区经济素质、活力与自我发展能力的一般条件是：

（1）加强保证经济持续发展的物质条件和生态环境的建设；（2）加强交通及其他基础设施建设；（3）加强市场建设，发育市场体系，发展商贸，搞活流能；（4）加强优势产业建设，优化产业结构，形成富有特色、有持续竞争力的优势产业；（5）培养科技创新能力，加强科技进步，促进产业升级；（6）加强教育建设，提高人力的素质，特别是高智力人才的培养；（7）加强制度建设，形成发展市场经济和引进资金的各种制度环境；（8）加强市场经济新观念的灌输，促进思想观念更新，克服不思进取的心态和封闭意识，全面调动群众从事商品经济的积极性。以上8个方面的建设，是增强地区经济素质和活力，提高地区的经济竞争力和综合实力的基本要素。推进和搞好上述8个方面的建设是政府，特别是各级地方政府的要务。

提高西部地区经济素质与自我发展能力，必须花大力气来构建和形成富有特色、有持续竞争力的优势产业。西部地区自我发展能力弱，在于竞争优势的产业，特别是优势制造业薄弱，20世纪六七十年代兴建的国有工业具有竞争优势的屈指可数，20年来新建的一大批国有企业，在"模仿""照搬"的产业发展模式下，不少是低水平重复，竞争力薄弱，而适应市场、拥有活力和后劲的重量级明星工业企业却十分稀缺。西部需要走出产业建设的误区：结构重复、技术落后、体制单一、封闭运行、全面开花，要集中力量，以市场为导向，培育有竞争力的优势产业，特别是寻找和培育特色产业，而其核心是制造业。在21世纪的新形势下，在现代交通技术如航空港、高速公路和现代信息技术条件下，西部产业经济的发展，不需要走农业经济——传统工业经济——现代工业经济——信息经济的老路，不能实行农业西部、工业东部以及劳动密集型西部、高科技东部的地域分工，而应该形成能确保经济跨越式发展的多层次，即劳动密集的、资本技术密集的、知识密集的优势产业结构。要基于西部地区自身的条件、可能，千方百计、大力培育关联度大、拉动力强的现代优势产业，特别是优势制造业，发挥龙头作用，形成产业链互相拉动，加快经济的增长，形成和增强自我开发能力。对于西部经济中较发达的地区，例如四川，如果没有自身的优势制造业，将难以拉动其他产业和整体经济的快速增长，也难以加强地区经济在广度和深度上的开发。

提高西部地区经济素质与自我发展能力，要实行技术跨越式发展的战略。西部地区能否以超过全国的平均速度持续高增长，关键在于能否实行技术的跨越，争取由传统手工业技术向现代大工业技术，特别是信息技术的跨越式转换。这一项技术跨越首先需要有本地区高新技术聚集区的形成，使之成为科技研发、创新中心和技术辐射中心。为此要加强大城市的科技研发、创新中的建设，以及促使科技向生产力转换的金融机制的建设，充分发挥现代科技对区域内技术创新和产业升级的推动作用。

提高西部地区经济素质与自我发展能力，要实行加强重点、带动全面的战略，发挥大城市和中心地区的辐射功能。市场经济条件下的区域经济发展，表现为先有要素向交通便利的集镇集聚，逐步形成经济发达、优势产业聚集的中心城市或中心地区，通过后者发挥辐射源的积极作用，拉动周边和相关地区经济的发展。适应这一中心城市（地带）拉动周边和相关领域经济发展的规律，对不发达地区的开发，要实行抓重点地带的发展，形成若干拥有强辐射功能的中心城市（地带），充分发挥后者带动本地区经济发展的增长极的作用。我国苏、锡、常地区对江苏经济的拉动，珠江三角洲对广东经济的拉动，以至于经济特区与沿海经济开发区对全国经济的拉动，都表明了中心地区辐射在促进经济全面发展中的重要作用。地域广阔，包括10个省市的西部大开发，更应该发挥中心地区的经济自我高增长和强辐射作用。

西部地区经济素质的提高和自我发展能力的增强，其关键在于推进制度创新，增强体制活力。西部地区发展中受到的制约，不仅在于区位劣势，资金、技术、管理等要素稀缺，更重要的是体制制约。我们已经指出，传统国有企业体制束缚着配置于西部的大工业生产力，内陆农村的自给性的生产体制，不发达的市场体系，不完善的流通体制和金融体制，束缚着农村经济的发展。而所有制结构单一，多种经济成分不发达，更束缚了西部新经济增长点的萌发和生长。国家在西部的投资规模不小，但效益低却是难以解决的老大难问题，表明西部经济发展滞后，不能只是归结于要素稀缺，而更重要的还在于体制的缺陷。

在体制束缚下即使有大投入也难以形成大发展，因而对西部实行卓有成效的大推动，应该致力于加大改革力度，加强体制创新，争创体制活力，形成体制大推动。我们主张实行的全面大推动战略，最根本的就是以体制活力来促大开放、大投入，求得实在而高效的大发展。中国1978年以来经济的大腾飞，是依靠改革和体制活力，进行西部大开发，应该实行狠抓改革，创造体制活力的战略。首先要加快市场体系的建设，搞活流通，形成西部大市场，搞活要素流动；要从西部生产力现状出发，切实实行多种所有制共同发展，大力发挥民营经济。对于配置于西部的国有大企业，应该花大力气，依靠改革和重组，将有效的资产存量盘活。总之，全面大推动战略要求西部在构建社会主义市场体制的改革实验中实行先行。借助于体制活力，西部地区经济将能走上自我发展、良势运行的轨道；稀缺要素才能"引得进"和"用得好"，实现好的效益；优势资源才能"转得动"，转化为资金、技术，转化为商品、效益；经济结构才能"调得动"，产品、企业、产业结构才能合理调整和优化组合；技术才能不断创新和升级，才能加快经济发达的中心地区形成的辐射功能的发挥；在体制加快创新的基础上，也才能促进观念的变革和创新。

综上所述，全面大推动的关键是体制创新，是以体制活力来促进西部经济素质的提高，弱势的克服，自我发展能力的增强，自我良性循环的形成，这样的体制大推动，才能调动西部主体从事开发的积极性，是进行卓有成效的西部大开发的有效之途。

六、发挥新文化、思想的推动作用

我国西部地区经济发展滞后，还有来自地区的社会文化、思想方面的制约。

西部地区传统农业文化影响深重，由于西部是我国的多民族地区，多种类别的民族传统和宗教文化，仍然在当地人们的思想、生活方式、生产经营中打上深刻的烙印，其集中表现是：交易、市场、盈利观念较为薄弱，积极进取的竞争意识和创业精神较为缺乏，上述思想意识，可以称为现代市场观念缺损或薄弱。无论是封闭性强的少数民族地区"自耕而食"，在农村较为普遍的"安土重迁"，城乡小生产者的"目光短浅""小富即安"，以及在不少地方群众生活中弥漫、扩散和侵袭于生产和经营中的"闲情逸致"，都是这种现代市场观念缺损的表现。

西部地区现代市场观念缺损，是经济不发达、市场化发展程度低条件下的产物，它表明传统农业经济文化以及传统宗教观念的深重影响。在这种文化思想影响下的人们行为，会呈现出对市场缺乏亲和力，即使在邻近城市经济和外部市场已经发展和运作起来的情况下，交易动机不足的农村家庭农户却会表现出对大市场反应迟钝，如不积极于捕捉市场信息、调整结构、改进技术、提高质量、开拓营销，等等。一些内陆边远地区的农民经济即使在实行家庭承包制条件下仍然不能摆脱半自给、半交换经济的特征，只有少量农村产品参与集镇的交换，家庭经济总体上是游离于市场之外。按照传统的农业模式我行我素，自我运行，其结果是农业和农产品结构调不动，新技术引进慢，产品质量上不去，而成本却在增加。总之，改革以来西部内陆地区农村经济增长的分外滞后，除了是由于西部多种客观经济条件的制约而外，还有更深层次的原因：这就是人们精神上受到的陈旧的传统的文化、观念的制约。

市场化的体制改革和发展需要有人们的新观念和行为方式来推动，对于种种原因造成陈旧的传统文化观念刚性的西部内陆，观念更新的新的生活、生产行为方式的确立尤为重要。20年来自我国西部的改革和发展中，已经带来了人们思想观念的很大变化，但在进行大开发和实行大推动的当前，西部需要加强主体观念的更新：要进一步树立奋发图强、艰苦创业、开拓进取的精神，要大力培育适应社会主义条件下经济市场化的新观念和新的行为方式。本文中提出的大推动的一个重要环节，就是发挥思想文化对经济、社会发展的推动作用。具体来说：要大力加强社会主义精神和市场意识相结合的现代中国新文化的建设，推动人们的观念更新和人的思想素质的提高。西部大开发的主体是西部人民，大力加强西部文化思想建设，用以调动人民群众的积极性、创造性和最充分地发挥群众的聪明才智。有了群众的观念更新，物质的、制度的大推动才能卓有实效。

总之，我们提出的全面大推动，是实行经济发展的物质的、体制的、文化思想等多方面条件的创造，理顺经济、社会发展的各种内在关系，对增长和发展进行社会全方位的推动，实行这样的大推动，我国西部大开发将会更顺利地推动和取得更大的成效。

依靠科技创新，实现跨越式发展①

中国持续增长的经济，在经历一段调整减速后，今年出现了经济升温，全国上半年GDP增长8.2%，1997年以来的市场全面疲软已经开始变化。由于西部大开发正在加快实施，基础设施、植树造林等重大项目正在启动，加快西部开发的政策正在陆续出台，西部大开发的政策效应开始表现出来。在上述两个方面的带动下，今年四川也出现了良好发展势头，上半年工业增长10%，GDP增长8.6%，高于去年同期2.5个百分点，高于全国增幅0.4个百分点。1~6月社会消费零售总额比去年同期增长11.2%，达704.9亿元。四川中心地带的成都地区，1~6月GDP增长10.2%，增长快、市场旺表现得更加明显。

作为中国经济大省的四川，在贯彻落实西部大开发实行跨越式经济发展中，有必要注意以下几点。

---

① 原载《西部大开发与四川经济发展问题探索》，西南财经大学出版社，2001年。

一、走质量提高型的发展道路

西部近20年来经济发展速度并不慢，问题在于产品质量差，技术水平低，产业升级慢，数量扩张型的增长表现得十分突出。数量扩张造成产品竞争力弱，市场份额越来越小，企业由此陷于困境，地区经济实力薄弱，越来越依靠数量扩张。这就是西部数量扩张型增长的发展怪圈，它是西部经济滞后的重要根源。

中国20世纪90年代中期以来已经进入以质量提高为特征的发展新时期，卖方市场时代成为过去，中国进入WTO，市场竞争将越加激烈。这一切决定了要搞好发展，加快增长，必须以开发新产品，提高产品技术含量，加快产业升级，提高竞争力为主要目标，走质优取胜之路，而不能继续搞低水平的重复建设，片面追求产值的增长。

西部各省为了缩短东西差距，正在争取提高速度。速度是重要的，但是上水平、上质量、提高竞争力尤为重要。西部各省区均经历过GDP超高速增长的时期，一些地区乡镇企业曾经有80%的连年增长，但是由于质量、竞争力上不去，速度很快降下来，欲速则不达，西部各省区都有同样的经验教训，应该很好地汲取。在宏观经济升温，沿海一些省出现GDP增长率18%的超高增长的形势下，西部应该走上水平、上质量、促增长的道路。要看到尽管今年以来经济转暖，销售转旺，但是过剩与内需不足仍然是主要障碍，大范围的过剩还将长期持续。此外，进入WTO后，国内市场竞争将更加激烈。在当前条件下企业只有靠产品质优、物美、价廉、服务好，才能打开销路，求得生存和发展，一个地区经济才能持续高增长。

因此，我们应该头脑清醒，对低质量数量扩张保持警惕，坚定不移地立足提高质量求发展。

二、大力构建有竞争力的优势产业

西部经济的重大弱点在于富有竞争力的企业发展不足。四川制造业中不乏成效显著的明星企业，如长虹彩电，地奥制药，四川名酒、名烟等。但总的来说，增长快、盈利大的大公司少，产品升级换代慢，企业R&D即研发支出比例小，科技创新进展乏力，绩效最好的大企业科技创新与新产品开发，也较之沿海后一两个节拍。有竞争力的产品少，是外地产品在四川市场长驱直入，本省企业产品积压，营运发生困难的原因。因而，加快西部发展，就应该对症下药，要把提长企业竞争力作为经济工作的中心环节，要重点突出，大力培育十来个重量级的有自身特色的优势大企业。无论是企业的结构调整，还是制度创新、技术改造，都要对准提高竞争力的目标。

西部地区具有不少形成拥有自身特色和竞争优势企业的条件，例如：

第一，市场大。四川是拥有8500万人口的西部人口大省，农村人口达7000万，人多市场也就大，大力开拓潜力极大的四川农村市场，将为企业带来巨大的销售收入。轿车业如能够乘中国轿车热兴起的东风，充分开拓四川的市场，争取在2005年销售5万辆新型轿车，将为企业带来100亿的销售收入，数年可以收回投资。

第二，劳动力成本低在四川十分突出，农村还将有数千万劳动力向城镇转移，在未来20年内劳动力成本低将是四川投资拥有的比较优势。

第三，资源丰富。四川拥有丰饶的农业、畜牧业，林业、中药材资源，攀西地区拥有亚热带农业资源和丰饶的水利、矿产资源。

第四，更重要的是政府实行西部大开发的政策，会带来西部经济条件和投资环境的优化。

以上四个方面相结合，形成了对投资者来说的西部比较优势，在四川的企业，只要能做到充分发掘和利用好"西部优势"，就能转化和形成企业的竞争优势。富有竞争力的企业，在西部兴起是大有希望的。

三、依靠科技创新求发展

无论是提高产品质量，或是实行产业升级，或是培育优势产业，除了要依靠制度创新外，还需要狠狠抓科技创新。我们说西部经济竞争力弱，在于多数企业产品质量差、技术含量低、新产品开发慢，上不了档次和水平，而这又在于企业的技术创新滞后。西部在峨眉泉而人们却喝珠江水，有天府农业却吃泰国米，这种"西部现象"的根子是企业设备落后，先进技术引进少，即使引进了技术也未能做到充分消化、吸收、实行不断的技术创新，再创新。

产品多年老面孔，技术十年一贯制，似乎成为西部经济的常规，而我们却又面对着一个科技不断创新的时代。在技术不断进步、产品不断创新、价廉物美的新产品不断涌现的条件下，技术创新滞后的企业将面对被淘汰的命运。因此搞好西部大开发，就要充分重视科技创新，走一条以不断的科技创新促发展的道路。大工业企业要下定决心，高瞻远瞩，实行大跨度、高要求的科技创新。要加大研发力量——目前多数企业R&D支出不超过销售收入0.5%，加快新产品的研制和推出，加强新技术引进，要舍得花钱促进技术进步，以优质产品开拓市场，而不要只是打价格战，也不能单纯地膨胀销售队伍。也就是说，人们要横下一条心，走不断的技术创新之路。不以产值论英雄，要在技术创新上比高低，这是持续提升企业竞争力与发展后劲之路。大中小各类企业都要走适合于自身的科技创新之路，而搞好农业领域中的科技创新，更是加快农业经济发展和促使农民增收的唯一坦途。

四、培育高科技产业，为西部发展添后劲

在当前世界科技革命迅猛发展形势下，高科技产业已经成为增长最迅速和对经济、社会带来重大影响的产业。中国西部大开发，要针对世界高科技和知识经济发展的新形势，采取对应之策。这就要求西部除了要在面上推动普遍的科技创新外，在点上应选择经济实力强、科技人才集中的中心城市，切实加强以信息、网络和生物工程为核心的高科技产业的发展。

成都是西部经济重镇，成都地区拥有经济、科技人才优势。这个地区多媒体、软件创造、光纤电缆迅速发展，近年来出现了网络热。成都2000年6月底上网家庭达40万户，仅次于北京（47万户）、上海（52万户）；成都拥有电话家庭百分比为17.2%，仅次于北京（21%），超过上海（17%）、广州（15.6%）。成都大小网站有1000多家，天府热线有客户50万户。成都有着加快信息、网络业的条件，这里是西部大学和科技人才最密集的城市，金融业活跃，商业意识浓郁，"网虫"多，完全可以发展成为"西南硅谷"。关键在于要有发展新思路，要采用市场经济的新办法，充分汲取国外搞硅谷的经验，包括印度班加罗尔的经验。政府要加强领导，实行宽松的政策，充分依靠社会资本，大力发展民营企业，动员千万科技人员的创业积极性，促进风险资本的形成和进入，特别要走与国外合资办厂之路。这样，成都地区的信息化、网络化大力发展的路子就可以越走越宽，成都完全可以成为中国"新经济"的富有希望的生长点。

五、实行开放式的大开发，走互利、双赢之路

西部经济要走上提高质量求发展、科技创新添后劲的道路，需要充分利用国外、省外的资源，要大开省门，引进资金、技术、管理人才和信息，要走出一条在开放中加快发展的道路。

我们是在世纪之交进行西部大开发的。当今世界，经济全球化和信息化（网络化）已成为不可抑阻的大趋势。西部大开发要从时代的特征出发，适应全球化、信息化的要求，解放思想、勇于创新，探索一条开放式的西部大开发的道路。

政府已经出台了一系列有关大开发的政策，可以说，许多限制都已经放开。外来投资者有着参与西部大开发的广阔场所，无论是西部基础设施建设、生态建设、西电东送的电网建设，还是国有企业的结构调整与重组，以及攀西矿产资源、四川优势产品的开发，特别是信息和其他高科技产业的发展，外来投资者都可以在这些领域找到无限富有吸引力的商机。

我们已经进入了一个在全球跨国界、跨地区配置资源的新时期，我们面对着搞好发展，加快大开发的众多机遇，我们可以不断探索利用外资，进行合作，共同开发西部，实现互利、双赢的新方法。抓住机遇，做好开放式的西部大开发这篇大文章，关键在于人们观念的更新。四川应该进一步增强大开放的观念，落实好政府有关对外开放的政策，以更开放的姿态、更有力的举措、更优良的投资环境、实行大开省门引资金。我建议我省企业要着眼于企业结构大调整、技术大提高，敢于多"出点血"，在合作、合资中求发展。我也建议在四川有投资意愿的外商企业和省外企业，要有长远的打算，不要把四川作为

推销二流技术的场所，而是把先进的技术和有持续竞争力的产品带来，扎根四川求发展。这样的企业能发展，投资人能赚钱，互利、双赢之路在四川将越走越宽。

大力调整结构　重振东郊雄风①

东郊是成都市的一块宝地。我国实施第一个五年计划时期，开展了苏联援建的156项工程的建设。成都东郊地区得到大量国家资金投入，兴建了一批国有企业，后逐步形成以电子元器件为核心的工业生产基地。几十年来，东郊工业在满足国防需要、促进成都经济发展中做出了重要贡献。20世纪90年代以来，在国有企业改革和调整的过程中，东郊的一些国有企业出现了一些困难，但是这个地区在几十年的建设和发展中形成的先进工业生产能力是十分宝贵的。这里的国有资产存量较大，特别是聚集了一大批宝贵的科技人才，东郊拥有的资源完全可以通过深化改革得到有效利用，发挥它们的作用。

一、成都东郊要焕发生机，首先要依靠结构调整

东郊国有企业走出当前的困境首要任务是要进行产业结构调整。"十五"时期，国家实行信息化带动工业化的方针，东郊国有企业应

① 原载《先锋》2001年第8期。

该抓住新机遇，依靠企业原有的电子工业基础，适应市场新变化，狠抓结构调整，大力发展IT业，从而带动整个区域产业的联动发展。

近年来，东郊一些企业针对市场需要，大搞产品多元化，开发出一批新产品，拓展了销路，搞活了企业。十分可喜的现象是东郊一些企业利用其基础优势，适应当前发展信息产业的新趋势，与成都电子科技大学联合开发新产品，积极进行产品创新，生产新型磁性原料、传感器等科技含量高、附加值高的新产品。由于产品结构调整及时，企业已经步入销售收入增长和利润增长的良性循环的轨道。东郊国有企业产品创新还有很大的空间，潜力很大。当前的问题是，企业要改变多年形成的市场观念淡薄、创新意识不强和依靠国家扶持的陈旧观念，切实做到以结构调整为"主线"，在开发新产品上狠下功夫，成都东郊的国有企业还是大有可为的。

二、实行资产重组，是成都东郊国有企业重振雄风的根本出路

成都东郊国有企业在近十年困境中已经元气大伤，不少企业背着沉重的债务负担和人员负担，加上原来设备已经陈旧落后，要有效进行结构调整，必须依靠资产重组。资产重组的方式可以采取与省内外及外资实行联合或兼并。主要途径是组织公司制，实行产权的重新组合，来达到结构调整的目的。例如，成都钢管厂与攀钢集团资产重组后，成都钢管厂使用攀钢的钢坯生产市场需要的优质板材。事实证明，国有大中型企业进行股份制改造、依靠资产重组，完全可以盘活和充分利用企业的闲置资产，原来亏损的企业完全可以重新获得生机与活力。

目前成都东郊的国有企业还有许多资产存量，许多处于闲置状

态，关键的问题是要以开明的态度，加快资产重组的步伐，不能关起门来搞调整，应该主动与省内外的优势企业、外资企业合作、合资、兼并、重组，通过各种资产重组的形式，来获得资金、技术，搞出适销对路的新产品，来打开市场，确立优势。

三、成都东郊国有企业的重振要依靠科技创新

成都东郊国有企业主要面对产品不适应市场的问题。当前在实施资产重组、调整产业结构和产品结构的同时，要大力抓科技创新，增加产品的技术含量，生产高、精、尖的产品。东郊国有企业原来生产的用于国防的电子元器件产品，随着时代的前进已经没有优势，有的甚至是落后的、将要被淘汰的产品。为适应21世纪世界技术创新的需要和我国即将进入WTO的新形势，当前应该把技术创新作为企业的动力，要把创造高科技产品、高技术含量的新材料和新型电子元器件、零部件作为目标。

企业需要进一步重视和加强科学研究，掌握现代最前沿的科学技术新动态，同时加强应用科学的研究和开发，要持续地抓好新科技，将它作为企业的中心环节，以此来提高产品市场竞争力。

我认为，只要大力创新观念，开拓进取，锐意进行结构调整、制度创新和科技创新，东郊将成为成都以信息产业、电子器件产业为龙头的高科技基地。

提升企业竞争力是构建
四川核心竞争力的根本[①]

在今年召开的九届全国人大五次会议上，朱镕基总理在《政府工作报告》中首次引入了"竞争力"这个概念。而"区域竞争力""国际竞争力"更是成为"两会"代表、委员们使用频率很高的一个词。面对中国加入世贸组织后迎来的日益激烈的国际竞争环境，如何提高自身竞争力，发挥区域优势，已成为各级党政领导高度关注的问题。

四川作为西部大省，面对西部大开发的良好机遇，应该怎样培育核心竞争力，发挥竞争优势，真正成为西部的"龙头"省份呢？针对这个问题，本刊记者专访了著名经济学家、西南财经大学刘诗白教授。

记者： "十五"期间是我省建设经济强省的关键时期，如何抓住西部大开发机遇，全面提升四川社会经济竞争力，应是我省"十五"期间及今后一段时期经济工作的主题。因此，请问刘教授，对这个问

---

① 原载《四川省情》2002年第5期。

题您有何见解？您认为四川企业的竞争力状况如何？

刘诗白："竞争力"之所以成为一个重大的为人们所关注的问题，是因为当今世界经济已进入了激烈的竞争阶段。一些国家有竞争力，经济增长就加快，国力增强；一些国家竞争力较弱，便出现了出口下降，外汇收入减少等问题。其实，这个名词在经济学里早已提及：市场经济就是竞争经济。20世纪90年代初，面对国际经济竞争力加剧的状况，欧洲的洛桑管理学院开始对世界各国的竞争力进行排序。时至今日，这个排序仍被各国政府高度关注。20世纪90年代初随着我国经济体制改革的深化，提出了让国有企业真正成为自主经营、自负盈亏、自我发展的经济主体，不再单纯靠政府"输血"。于是，企业的竞争力问题便凸现出来，并开始得到各方面的普遍重视。现阶段，我国加入WTO后，无论国有企业还是合资企业都将面临国际、国内的双重竞争，竞争程度明显加剧了。因此，朱镕基总理在今年的人代会上强调竞争力的问题，也是在这样的新形势下提出的。

中国加入WTO以后，世界500强企业必将大举进入，中国企业面对强大的竞争对手，拿什么来应对？只有依靠提升竞争力来迎接挑战。对于四川来讲，这个问题就显得更为重要。四川经济一直存在一个竞争劣势，即国有企业较多，国有经济的比重一直偏高。那些20世纪50年代建立起来的军工企业由于受体制限制，更是不能适应市场经济形势，企业普遍竞争力很薄弱，有的甚至没有。四川经济在多年的运行中出现的省际贸易逆差，许多年前即达200亿元左右，现在应在300亿元以上了。这说明"四川造"产品占有的市场份额越来越小，沿海等地的产品占有的市场份额越来越大，且无论轻工产品还是生产资料、消费资料等均如此。我们在成都的丝绸商店里，看不到南充这个四川丝绸之乡的产品，四川的丝绸产品比不上浙江的；电冰箱、空调器等比不上广东的。四川企业的产品卖不出去，企业必然亏损，进而难以支撑。为什么四川的支柱产业形成得慢，难以成为真正的支柱，企业做不大？就因为四川除了烟、酒和一个长虹外，几乎没有什么其他品牌，所以，竞争力问题对于四川来讲是一个关键问题。

近两年，四川经济快速增长，每年均保持了比全国高一个百分点的增长速度。而在"十五"期间要想保持这样的增长速度，企业增产是必不可少的保证。但是，现在的市场是过剩经济，无论什么商品都面临强大的竞争力，即使是优势产品也不例外：长虹电视机与海尔、TCL、康佳等品牌的竞争已到了如火如荼的阶段，现在只占有50%的市场份额。可见，优势企业、当家产品同样要以不断的技术创新来提高竞争力。

中药产业在四川算是一个做出了一定成绩的产业，像成都的地奥制药，每年产值十多个亿，但也同样面对来自全国各地的竞争，如哈尔滨、石家庄、广西柳州、广东等地。中药行业虽然没有国际上的直接敌手，但却要面对国内某些中小药厂的不规范竞争，他们用不规范的手段在市场上低价倾销，使得规范经营的大厂反而在销售上遇到麻烦。因此，不仅在困难中、改制中、重组中的大批企业要看到竞争力的问题，强势企业也同样要看到竞争力的问题，我在许多场合曾多次讲到竞争力，四川经济增长要把提升竞争力作为一个关键问题来抓，千万不能自我感觉良好。市场竞争是无情的。

提升竞争力，尤其不能搞短期行为，比如：只注重销售，而不在生产新产品、技术改造、降低成本上下功夫；只看重"堆头"，即片面强调库存多，盲目地扩大，盲目地发展。这些都是要不得的，经济发展量的增大必须建立在质的提高上，强调质，就是强调竞争力。不能说一个企业今年销售收入税利等增加了，竞争力就增强了，而是要看技术改造是否上了档次，有无新产品推出。四川经济最大的困难就是企业竞争力弱，产品陈旧，技术含量低，成本还下不来，所以要千方百计地增强四川企业的竞争力。

记者：从区域竞争力来讲，四川要全面提高社会经济的竞争力，就必须构建自己的核心竞争力，请问您认为四川形成核心竞争力的关键是什么？

刘诗白：区域竞争力是一个宏观的或中观的概念，对于一个国家、一个省来讲就是指其总体竞争力。这种总体竞争力要得以形成，就必须具体落实在企业竞争力上。只有在一定区域内形成一大批有竞争力的优势企业，拿出市场公认的优势产品，占有高比例的市场份额，才能提升该区域的竞争力，并逐步形成核心竞争力。因此，提升企业竞争力是四川构建核心竞争力的关键，也是根本。

记者：那么，现阶段我省应采取哪些措施来提升四川企业的竞争力呢？

刘诗白：四川的国有企业能不能形成有竞争力的大企业，非国有企业能不能形成有竞争力的中小企业，第一，也是最关键的，就是要看企业改制是否到位，体制是否有活力。四川有一些在全国都有名的重点大厂，资产和设备实力并不差，科研人员也大量聚集，且具有若干年的生产经验，为什么就生产不出有竞争力的产品来呢？这就是企业制度的问题，没有形成活力的体制。四川的上市公司也不例外，必须要向规范的公司制度迈进，摆脱政府干预，落实经营自主权；要建立激励机制，使经营者和企业有利益上的对等关系；要建立约束机制，经营者不能取代所有者。目前，四川企业竞争力上不去的主要原因是制度问题，表现在所有制领域即是国有经济成分太高，致使体制活力发挥不出来，企业缺乏真正的生气勃勃的不断创新的精神。

第二，企业竞争力的提升要落实在技术上。当今国际上的技术进步已到了IT时代，传统的工业经济要看到其技术上的约束：虽然设备数量巨大，但实际上已不适应生产这种产品的需要。因此，加大生产工艺的技术改造，增强产品的技术含量是核心的问题。例如，在打科技含量战的背景下，原来作坊式的、小而散的中药厂，其手工艺般的技术不可能有竞争力。四川中药产业必须要有现代化的观念，设备要更新，现代制药的制造、蒸馏、提炼的工艺、技术上要使用高科技，并不断地进行科技创新，才能形成持续的竞争力。技术创新不是短时的，要想到五至十年后的趋势，要有预见性，并且要不断地更新。

第三，四川企业要注重发挥自身优势。企业一定要正确定位，要搞自己有优势的、别人没有的东西。而四川各地也要从实际出发，发挥各自的资源优势。如攀西地区，可利用其水力、有色金属、稀土、铜冶炼等优势，以及亚热带农作物生产的优势。发挥资源优势其实就是要形成有优势的产业，把自己的优势用够。区域经济就是特色经济，就是要搞人无我有，不片面地一哄而起。这方面四川还是有潜力的。

第四，企业优势竞争力的形成要靠人。很多时候，一个企业没有把握好一些机遇，其实并不是没有力量，而是没有正确的决策。因此，形成竞争力要有科学的决策，要能够预见市场，及时调整产品结构，采取正确的生产发展和营销战略；要善于组织企业内部的力量，挖掘内在潜力。精明的CEO对一个企业是十分重要的，他能使企业解困。所以，形成竞争力，必须要有强人，即经营管理方面的专家。而企业经营管理其实就是一个组织问题，人、财、物、产、供、销，看你怎么组织，如果组织不好，再强的企业也要出问题。为此，我们必须明确，由于竞争时代市场的不确定性空前增大，导致企业经营风险也非常高，其不确定性也迅速增高，这时候企业有无精明的管理人才就显得十分关键。沿海和内陆企业之间其实并不是物质上差多少，而是在经营观念上、思想创新上，内陆的经营层和沿海的有差距。可见，企业经营层素质的提高，也是企业形成竞争力的重要方面。

综上所述，企业形成竞争力，解决制度活力是关键。目前要把发挥体制活力放在优先地位，不应该离开制度创新而谈技术改造、结构调整，多年的经验告诉我们，制度搞不好，其他一切照样不行。其次，面对世界500强的激烈竞争，企业产品科技含量要提高，科技差距不缩短，谈不上竞争力。再次，人才是关键。现在是智力的时代，人力资本的时代，竞争力就是知识力，而在人力资本的素质中，具有决定性的是经营者的素质。企业经营失败，大多是因为决策失误。例如，该抓技改未抓，该调整结构未调整，却进行低水平的重复；该改善财务状况却去贷款背债务，这些都是知识力不够所致。许多企业陷入困境，就是人才素质不够，人力队伍未进行科学管理，人才素质未提升。最后，要发挥自身优势。充分利用优势资源，生产成本最低、市场需求最大的产品，形成有持续竞争力的企业。

记者：在我省的"十五"规划中，提出了要发展六大支柱产业的决策。那么，您认为四川有竞争优势的产业有哪些？应该怎样和支柱产业相结合呢？

刘诗白：四川境内的世界自然、人文遗产全国最多，所以，旅游是四川的一项优势产业。旅游是带有垄断性、不可替代、不能重复生产的资源。比如经营九寨沟，就是一项四川的自然垄断，别人是无法来经营的，因此，搞好了就很有竞争力。但是，目前在全国范围来看，四川旅游真正的竞争优势还没有确立起来，市场还未真正利用起来。旅游资源旺季利用得好一些，而平常的大段时间并没有让大家占有，很不划算。这主要是因为交通的问题还未解决，出现了滞后现象。另外，四川是农业大省，在农产品生产上有一定优势，但农产品的加工能力却亟待提高。我省猪皮年产几百万张，皮革资源十分丰富，这个领域的加工很有潜力，但也必须拥有类似于意大利先进制革工艺的技术，涌现善于生产、产品卖得出去的企业，才能在这方面真正形成优势。

支柱产业能不能和优势产业相结合，成为真正具有竞争力的经济支柱，关键要看能不能占领市场，在经济总量中是否占有相当份额。主观地把某个行业定为支柱产业是不行的。支柱产业要由其竞争力来考验，如果没有竞争力，定其为支柱也不能成为支柱。因此，形成支柱产业要把竞争力放在首位。并不是销售总额多，达到几十亿甚至百亿的大企业就应该成为支柱，如果其竞争力不够，照样难以长久保持现在的局面。被我省列为支柱产业的IT产业、电子信息产业、制药产业等，如果没有竞争力，照样不能成为经济支柱，且现在的地位也难以确保。

形成企业竞争力，从政府的角度来讲，就是要引导和支持企业不断重组，没有前途的产品不搞，没有竞争力的项目不上。现阶段，四川很多地区的企业比较困难，那就要适应市场进行大调整，只有死一大批，才能有一小批活起来，这一小批企业也才有可能成大；如果不下决心死一大批，它就会占有资金、资源、人才，反而拖累和影响全局，让大家都上不去。所以，只有对企业进行大的结构调整才能形成竞争力，我们许多地方调整的深度还远远不够。

此外，我们还应看到，在新的市场竞争条件下形成区域竞争力，必须要进行新陈代谢，扶持新的经济增长点，并推动它的发展。为此，政府要做推进、引导的工作，而且在此过程中思路要清晰，要推动有竞争力的发展。以往我们讲推动国有企业发展，后来讲推动大企业的发展，这些都是在原有的老企业上下功夫；而事实上，真正有竞争力的往往是新兴企业、中小企业。地奥制药最初是很小的企业，无法和成都制药一厂、二厂相比，但它去年的产值却达到了几十个亿，这就充分说明，只要体制有活力，小企业也能迅速变成大企业。又比如绵阳的新华机械厂，一个小厂通过与上海企业的重组，今年一个季度销售收入达到了一个亿。还有像通汇、恩威等，刚开始也都是小小的厂，但三五年的发展却超过了某些大企业十年二十年的发展。因此，竞争力是由市场来检验的，不能主观制定什么规划、什么措施了事。企业的竞争力和它的总资产多少即所谓实力是两回事，一个小企业利用资本市场也许会成长得更快。所以说，在当今这样一个创新的时代，只有新的经济增长点才能成为一个地区真正的经济支柱，并且它还要随时接受市场的检验，也只有经得起市场检验的，才能称其为有竞争力的优势产业。

县域工业化要着力于工农互促城乡共进①

实行改革开放20年来，中国经济走上了快速发展工业化的道路。随着我国经济实力的增强，投资环境的改善，特别是中国加入WTO，进一步扩大开放，经济运行更加与国际接轨，中国已成为世界上最具有投资吸引力的地区。当前国际资本正在涌入，我国和我省的工业化进程将进一步加速，四川应该充分利用当前的大好机遇，加快我省工业化进程，实现建成经济强省、富民兴川的目标。

四川是地域广阔的内陆大省。中华人民共和国成立以来，经过20世纪50年代的重点工业建设，60年代的三线建设，特别是改革开放20年来工业快速发展，四川经济在总体上迈上了工业化的初期阶段。但四川原来是农业省，迄今广大县域经济仍然是以农业为主体。"无工不强""无工不富"，为了强县富民，县域经济要加快工业化步伐，带动第三产业和农业的发展，改变经济结构单一、农业经济畸大、工业经济薄弱的经济结构。要以工业化为牛鼻子，拉动农村非农产业的发展和地域集中，推动城镇化，促进县域城乡经济共进和协调发展。

---

① 原载《四川日报》2002年7月31日。

　　我国当前经济发展形势良好，但是发展中国家工业化进程中表现出来的城乡经济不平衡的"二元结构"十分突出，农村经济发展滞后和农民收入增长缓慢近年来更加明显。面对新情况，新时期的工业化应该有新思路，要立足于经济全面发展，更加重视和着眼于实现工业与农业的互相促进，城市经济与农村经济的共同发展，努力探索一条一、二、三产业相联动的工业化新路。对于四川这样的拥有6800万农民的农业大省，在推进广大县域经济的工业化中，实行工业、农业互相促进，城市经济和农村经济的共同发展更具有重要意义。

　　实行工农互促，首先要加强以工促农：一要通过发展以农产品为原料的加工制造业，促进农业（种植业、养殖业）产业化，推动农业扩大生产规模，取得规模效益。二要以现代工业生产和工业物质技术改造以手工劳动为基础的传统农业生产方式，实现农业生产机械化、电气化和农业经营方式企业化。在当前科技不断创新的时代，还要大力把信息技术和生物技术引进于农业生产和经营之中。三要通过发展城市加工制造业以及第三产业，促进农村非农经济的发展。在工业的拉动力和产业裂变力作用下出现的农村非农产业——第二产业和第三产业，既能给农民带来高于农业的比较效益，又为农村中非农人口的转移提供了场所。有了依托于产业化、机械化、企业化的新农业的发展，又有了农村居民从事的非农业产业的发展，就会形成生气勃勃的新农村经济。四要以工富农。工业创造的附加值远较农产品为高，通过订单农业形式以及农民进入工厂工作或是农户家庭工业生产，以及从事商业、运输等方式，农民得以获得和分享农产品加工的附加值和第三产业的增加值，从而增加收入。

　　工农互促的另一方面是以农促工。这就是：通过农业结构的调整，大力发展优质高产、高效的农业，来为农产品加工业提供优质原材料，以提高加工产品质量；通过农业产业化，增大农产品生产规模，扩大订购数量，降低工业加工成本；通过发展特色农业、林业，形成富有西部特色的工业；等等。以农促工，意味着农业资源的最充分的发掘和最有效的利用，使之转化为现实农业（种植业、养殖业）生产力，再转化为现实的加工工业生产力，由此提升工业竞争力。可见，以农促工，是发掘资源生产力和形成资源优势经济之途。对拥有农业资源优势的四川而言，搞好和充分发挥以农促工，我省农产品加工业以及轻工业将由此获得新的发展机遇，再加之工业企业自身的改革，我省原来曾经拥有优势的产业的再次振兴是大有希望的。

另外，在实行工农互促、城乡共进的经济发展中，加强政府在城乡经济大调整和资源再配置中的功能，促进工业和非农居民有序地向城镇集中，小城镇的建设也将因有产业的依托而生气勃勃地发展。

实行工农互促、城乡经济共同发展，符合发展经济中产业互相促进的规律；适应于当前在新一轮经济发展中防止工农脱节，城乡失衡，二元结构扩大的需要。特别是它有利于工业产值、农业产值和农民收入共同增长。这是一条富民的，特别是加快农民富裕的工业化方法和模式。

当前，我省县域工业发展面临着大好机遇，加入WTO一方面把引进资本、技术的大门进一步敞开；另一方面，我省工农业产品进入国际市场的道路更加广阔。加之国有企业的改制和民营经济的兴起，为新时期县域工业的发展构筑了制度基础。只要人们善于寻找符合实际的发展思路，特别是充分重视和着力于增强工农互促、城乡共进，我省县域经济的工业化、农业产业化和城镇化完全可以发展得更快更好。

力争经济持续稳定高增长①

——对四川经济发展提出的建议

    全面建设小康社会，对四川来说，首要任务是争取经济持续、稳定、高于全国平均幅度的高增长。2002年四川经济出现了许多年来未有的好势头，工业增加值和GDP增长均高于全国水平。但是，四川今年的高增长中基础设施建设仍是第一位的拉动力。另外，出口的扩大，也对今年高增长起了重要促进作用。就宏观经济态势来说，内需不足仍然是经济稳定增长的隐患。因此，在当前形势下，为保持经济持续稳定高增长，必须致力于启动内需，缓解通缩。我认为，要从根本上解决内需不足，需要采取切实有效的政策措施，以激活企业投资，激活民间投资，刺激群众消费，振兴农村经济。要争取逐步实现由财政资金拉动的增长，到由经济内生力量拉动的增长的转换。

    国有企业在四川经济中占有重要地位，国有经济在过去、现在和今后，在我省经济增长中都是一支重要的力量。深化国有企业改革，真正搞活国企，是四川启动和增强内生的经济增长的必由之路。严格

---

① 原载《四川日报》2002年12月30日。

说，我省国有大中型企业总体上还未真正搞活，大多数企业治理结构改革远未到位。不少企业还处于困难之中，多数企业结构调整缓慢，技改投资滞后，技术创新停滞不前，大企业重组艰难，一些企业留恋单干，排拒外来参股和重组，企业推出的有竞争力的新产品不多。因此，我们必须实行又一轮深度的产权多元化的改革，以改革和完善国有资产管理体制为突破口，进一步完善公司治理结构，真正使国有企业的公司化改造到位。

大力发展民营经济，启动民间投资，是增强经济运行内生力量的重要之途。当前四川经济增长的主要支撑力量是国家的基建投资，而沿海一些发达省市的增长更多的是依靠民营投资和外商投资。四川拥有加快民营经济发展的十分丰富的和具有特色的自然资源，也有一定的民间资本积累和城乡储蓄，更重要的是四川有一支数量不小的科技队伍，可以为民营IT和其他民营高科技企业的发展提供丰富的人力资本。另外，经过改制和企业重组，四川原有的较强的工业基础也可以成为有较好的物质技术条件的民营经济形成的力量。只要加强政策支持和引导，充分调动群众创业、投资的积极性，努力探索新的条件下发展民营经济的新模式和新道路，民营经济完全可以更快地在我省兴起并成为经济快速、稳定增长的重要力量。

勇于探索是四川的风貌①

——专访著名经济理论学家刘诗白

10月13日下午，我们敲响了位于西南财经大学的刘诗白教授家的门，一位慈祥的老人为我们开门，他就是我们电话中预约的刘诗白。本刊在做《开放之路》的封面故事，就改革开放中的市场经济体制、所有制等问题采访了刘诗白教授。刘诗白是我国著名的老一辈经济理论学家，是我国较早提出社会主义所有制多元性的学者之一，并较早提出社会主义市场经济体制这一概念。

《读城》：刘老，您好，非常感谢您能接受我们的采访。我们都知道，刘老您是我国著名的经济理论学家，在改革开放以来，对改变我国命运的一些重大经济理论活动和决策，您亲身参与其中，那么，我们想请问：实行改革开放30年以来，您认为对我国最具影响力的事件主要是哪些呢？

刘诗白：1978年以来，我国改革开放方向明确，步骤稳健。先行

---

① 原载《读城》2007年第10期。

试点，然后全面推广，渐进式的发展，取得瞩目的成就。

改革30年来，最具影响力的事件，我认为，第一是1978年的十一届三中全会，这是决定中国命运的重要会议，在解放思想、实事求是的思想指导下，全面总结了中华人民共和国成立以来经济建设的经验教训，找出了我国国民经济发展中存在的根本问题和弊端，做出了实行改革开放的伟大决定。第二就是1992年小平同志的南方谈话和党的十四大，把建立社会主义市场经济体制作为改革的目标模式，从此，启动了20世纪90年代全国范围内的改革深化和攻坚战。第三是2002年党的十六大和此后新一届中央提出的科学发展、以人为本、和谐社会建设，这些新理念正在引导新时期的发展和改革，不断深化和健康发展。

《读城》：20世纪70年代末，您提出社会主义市场经济这一概念，您是在什么基础上提出的这个概念呢？随着我国改革的深入，您认为我国市场经济体制还需要在哪些方面去改革和完善？

刘诗白：1979年10月，邓小平提出了社会主义市场经济的崭新命题，并且对社会主义可以搞市场经济进行了深刻、精要论述，这是对"计划=社会主义""市场=资本主义"的传统理论的突破。我是在1979年5月的一篇文章中提出了社会主义市场经济的概念，但是科学的社会主义市场经济命题最早的提出者和阐述者应该是邓小平。

我国现阶段社会主义市场经济体制只是初步建立。市场制度的许多方面都还没有到位，国有企业的现代公司组织、产权、责权利等体制和行为机制还没有建成，国有企业的活力还有待释放，企业改革还需向深层推进。结构调整，产业升级是当前迫切任务。把技术落后、耗费能源资源，以及高污染的粗放型发展转化为科技含量高的发展，在根本上有赖于体制创新。

改变农村和城市的二元结构，从根本上解决农村经济发展滞后问题和城乡收入差别不断扩大的问题，需要推进农村改革。

《读城》：1980年8月，国家正式批准建立深圳经济特区，在中国改革开放的进程中，深圳经济特区一直发挥着"试验田"的作用，因为它是一个沿海城市，有着改革开放的较好环境。那么为什么会选择成渝作为城乡一体化的试点呢？

刘诗白：改革的经验就是先行试点，点上突破，然后全面推开。越是经济滞后的地区，"三农"问题越突出，因此在内地进行城乡综合改革试点就越有意义。1978年以来，敢闯敢干是四川的风貌和四川的优势，许多重大改革都曾在四川先行。比如：1978年初，广汉市金鱼镇实行"分组作业，定产定工，超产奖励"，即"包产到组"的责任制，成为四川乃至全国第一个实施这种农业生产责任制的地方。随后才是安徽凤阳的"包产到户"责任制。1980年6月18日，四川省广汉县向阳公社实行人民公社摘牌，在全国也是最早的。城市国有企业改革，成渝两地有十多户企业试点，把大锅饭体制改为自负盈亏。20世纪80年代末90年代初的四川股份制改革，走在全国前列。四川当时股改的企业在全国最多，单是乐山就有5家左右。1993年，四川省委实行国有企业以产权制度为中心的改革，也称为"33条"，在全国发生了重要影响，体现了勇于改革探索的精神。

《读城》：20世纪80年代，在成都召开的首次全国所有制理论讨论会上，您提出了社会主义社会所有制结构的多元性、所有制形式的多样性、公有制具体形式的多层次性"三性"观点，引起了较大的社会反响，根据当时的情况，您是怎么提出的？

刘诗白：1981年，中国社科院经济所召开的首次全国所有制理论讨论会在成都召开。所有制改革的核心是如何搞好公有制改革，使它与市场接轨。传统公有制是吃大锅饭的，它与市场不兼容，要发展社会主义市场经济就必须使公有制自负盈亏，成为真正的市场主体。当时国有企业已经在实行自负盈亏改革的探索，初步积累了实践经验，在推进企业联合中，国有企业组织经营管理形式都在变化，还出现了"国有+集体"的混合所有制的企业形式。实际上公有制已表现出多种具体形式，因此我提出和阐述了所有制具体形式和创新公有制具体形式的论题，我国的国有制改革，实际就是改变和完善公有制的实现形式，并不是实行全盘私有化。

《读城》：目前，美国的金融危机已经进入了一个高潮，那么，对中国的经济是否有影响呢?

刘诗白：在市场化全球化的大环境下，我国经济已经参与国际经济运行，国内经济运行也与国际经济、世界经济运行互相牵连，美国和世界信贷金融危机的发展，也会对中国经济发生影响。

主要表现在这几个方面：一是出口减少，特别是美国是我国产品的重要市场，美国经济不景气会影响对美出口；二是我国金融机构特有的某些金融资产会受到国外市值变动的影响。但是我国实行有效的宏观调控，国民经济既与世界相连，又能够独立自主运行，特别是当前经济发展势态良好，加之，外汇储备近2万亿美元，因此受世界经济危机的影响比较小。我们要重视和认真应对这次危机给我们带来的效应，采取必要的措施，切实扩大内需，加大居民消费，促进经济增长，继续保持我国经济发展的良好势头。

深圳正在进行新的飞跃①

——著名经济学家刘诗白高度评价深圳推出的民生净福利指标体系

在西南财大金融论坛上，我国著名经济学家、西南财经大学原校长刘诗白教授，以其特有的宏观经济视角，敏锐地提出：成功地探索建立了社会主义市场经济体制的深圳，目前正在进行着一次新的飞跃——从人民群众关注的民生问题入手，探索建立新型的社会福利体系。这是深圳以"敢为天下先"的精神，切实贯彻中央提出的构建和谐社会、树立科学发展观的又一次重要尝试，相信这项尝试将带来深圳新的飞跃。

从特区成立之初开始，刘诗白教授就多次来深圳考察。他认为，20世纪世界经济发生了一系列巨大的变化，其中最重要的就是中国的崛起，为什么中国能够如此之快地崛起，教授意味深长地列举着他曾考察过的多个发展中国家："在这些国家里，我没有看到一个像深圳这样快速崛起的城市！"中国的崛起，从经济学上讲，是依靠了一个正确的、以市场为导向的改革，成功建立起了一个社会主义市场经济

---

①　原载《深圳特区报》2007年1月7日。

体制，这就是中国经济成功的奥秘。

他进一步分析说，中国的社会主义市场经济体制，立足于实践，即深圳的实践。作为中国最早的经济特区，正是因为深圳成功冲破了传统的计划经济体制，建立了以市场为导向的社会主义市场经济体制，这可以看作是深圳的第一次飞跃。

刘诗白教授敏锐地关注到深圳刚刚提出的民生净福利21项指标，认为"民生净福利指标"这在中国的经济社会发展中是一项前所未有的全新概念，意味着深圳在继续推动社会主义市场经济建设的同时，又着手进行着一项新的探索：建设新型的社会福利体系，切实解决人民群众密切关注的民生问题。